Luise F. Pusch

Die dominante Kuh
Neue Glossen

WALLSTEIN VERLAG

Für meinen Bruder,
Frank Schmidts

Bibliografische Information der Deutschen Nationalbibliothek
Die Deutsche Nationalbibliothek verzeichnet diese Publikation
in der Deutschen Nationalbibliografie;
detaillierte bibliografische Daten
sind im Internet über http://dnb.d-nb.de abrufbar.

© Wallstein Verlag, Göttingen 2013
www.wallstein-verlag.de
Vom Verlag gesetzt aus der Stempel Garamond
Umschlaggestaltung: Susanne Gerhards, Düsseldorf,
Fotos: © Tierschutzstiftung Hof Butenland/Karin Mück (Kuh);
© Petinovs – Fotolia.com (Sofa)
Druck: Friedrich Pustet, Regensburg
ISBN 978-3-8353-1223-4

Inhalt

Vorwort: Die dominante Kuh macht MU

Als ich Jennifer Rödl, Mitarbeiterin von gendup, dem Zentrum für Gender Studies und Frauenförderung der Universität Salzburg, den Titel meines neuen Buchs verriet, schrieb sie zurück: »Ich freue mich schon auf Ihr nächstes Werk, da wird wohl dann auch das MU seinen Platz bekommen :-).«

Wenige Monate zuvor hatte ich auf Einladung des gendup ein Seminar zum Thema »Sprache und Sexismus« durchgeführt, und die Übungen zum MU hatten allen Teilnehmerinnen viel Spaß gemacht.

Was ist denn das MU, werden Sie mit Recht fragen.

»MU« ist eine Abkürzung für »Männliches Universum« – ein Begriff, den ich Anfang der 80-er Jahre zur Beschreibung einer weitverbreiteten Eigenart sexistischer Texte geprägt habe. Dazu ein Zitat aus meinen Seminarunterlagen:

Vom Männlichen Universum (MU) zum Frauenzentrierten Denken

Definition MU: Das männliche Universum (MU) manifestiert sich in Texten, die angeblich von Menschen allgemein handeln oder von Angehörigen bestimmter Gruppen ganz allgemein, deren Geschlecht scheinbar irrelevant ist. Es stellt sich jedoch bei näherem Hinsehen heraus, dass tatsächlich nur Männer gemeint sein können. Hin und wieder haben diese Männer noch weibliches Zubehör …

Die weite Verbreitung der MU-Sprache, die den meisten nicht einmal auffällt, gab den Anstoß für die Kritik der Frauen an der Männersprache. MU-Beispiele beweisen, dass die »Geschlechtsneutralität maskuliner Personenbezeichnungen« ein Mythos ist.

Textbeispiele für das Männliche Universum (MU)
- *Frauen haben die Mongolen eine oder mehrere. (Chronisten der engl. Benediktinerklöster Burton und St. Albans)*
- *Wer mit Katzen lebt, ist ihnen niemals Herrchen, wie man das dem Hund ist. (Die Zeit)*
- *Jede Sprache entwickelt sich … nicht anders als jeder Mensch sich vom Kind zum Jüngling, vom Jüngling zum Mann und zum Greis entwickelt. (Emil Staiger 1968)*

Beim sprachlichen Sexismus unterscheide ich zwischen gewöhnlichem und grobem Sexismus. Das MU ist und bleibt eine der perfidesten Erscheinungen des gewöhnlichen Sexismus. Aber eine dominante Kuh weiß sich zu wehren. Sie macht laut und unmissverständlich MU – und fertig.

Und was macht die dominante Kuh sonst noch? Der Bulle macht bekanntlich Bullshit, während die brave Kuh Milch gibt. Nicht so die dominante Kuh. Sie hat Besseres zu tun (nachzulesen in meiner Glosse »Büffelmilch oder Die dominante Kuh« auf S. 117 – besonders erhellend dazu, wie immer, die große Charlotte Perkins Gilman).

Der Titel meiner neuen Glossensammlung soll aber auch an grobe sprachliche Sexismen erinnern, nämlich an zwei der beliebtesten Schimpfwörter für Frauen. Wenn wir nicht gerade als »dumme Kuh« beschimpft werden, dann als »dominant«. »Dominante Kuh« wird uns hingegen selten bis nie entgegengeschleudert – in der Herrenkultur passen diese beiden Begriffe einfach nicht zusammen. Und deshalb lachen alle über den Titel – und damit über die Herrenkultur.

Besser kann ich den Sinn und Zweck meiner Glossen, die ich seit über 31 Jahren produziere, nicht umreißen.

Frauen gemeinsam sind stark

Zum Tod von Mary Daly

Das Jahr fing gar nicht gut an. Erst starb Freya von Moltke am 1. Januar, zwei Tage später dann Mary Daly. Die beiden wohnten nicht weit voneinander entfernt, die eine in Vermont, die andere in Massachusetts, Neuengland. Beide waren Widerstandskämpferinnen und hatten komplexe Beziehungen zu Deutschland. Moltke und ihr Mann gehörten zur Verschwörung des 20. Juli; Helmuth Graf von Moltke wurde von den Nazis hingerichtet. Daly widerstand dem Patriarchat in all seinen Erscheinungsformen, ganz besonders seiner Extremform, der katholischen Kirche. Sie hatte in der Schweiz studiert und gelehrt, und ihre treusten Anhängerinnen hatte sie vermutlich in Deutschland, nicht zuletzt dank der Vermittlung ihrer Übersetzerin, der feministischen Philosophin Erika Wisselinck.

Während Freya von Moltkes Tod hier breite Resonanz auslöste und sogar in der Tagesschau gemeldet wurde, hörten wir über Mary Dalys Tod zunächst kein offizielles Wort, es kursierten nur entsetzte Emails unter Feministinnen: »Hast du schon gehört?«, »Kannst du das bestätigen?« Da ich nirgends eine Bestätigung las – etwa eine Meldung im *Boston Globe* oder in der *New York Times*, schließlich war Mary Daly eine Denkerin von internationaler Statur –, lebte ich noch zwei Tage in der Hoffnung, jemand, ein mieser Patriarch vielleicht, hätte sich einen üblen Scherz erlaubt. Aber dann kamen schließlich doch die Nachrufe, und ihr Tod wurde traurige Gewissheit.

Warum bekommt der Tod der einen Widerstandskämpferin so unmittelbare und große Aufmerksamkeit, der Tod der anderen aber nur so zögerliche und widerwillige?

Da gibt es eine ganz einfache Antwort: Das Regime, dem Daly zeitlebens heroischen Widerstand leistete, ist noch an der Macht. Es mochte und mag diese unbequeme, kämpferische Denkerin nicht und würde sie am liebsten ignorieren, auch die Tote noch totschweigen. Wären die Nazis noch an der Macht, gäbe es auch kein Aufhebens um Freya von Moltkes Tod. Daraus folgt im Umkehrschluss, dass eine Feministin, die von der herrschenden Kultur gefeiert wird, sich fragen muss, ob ihr Widerstand noch Biss hat. Und zweitens folgt daraus, dass die überlebenden Widerständigen im eigenen Interesse die Erinnerung an ihre lieben Verstorbenen wachhalten sollten, bis das Regime überwunden ist. Danach läuft die Sache mit dem gebührenden Gedenken an die einstmals so Unbeliebten ganz natürlich und reibungslos.

Mary Daly wird aber nicht nur in ihren Werken weiterleben, sondern wer weiß wo sonst noch. Vor knapp fünf Jahren erzählte sie fröhlich in einem Interview, sie hätte in letzter Zeit öfter Besuch von Matilda. Damit meinte sie Matilda Joslyn Gage, radikale Feministin und Autorin von *Women, Church and State* (1893). Wenn Mary Daly uns Matilda nicht 1978 in *Gyn/Ecology* wieder nahegebracht hätte, wäre sie heute ganz vergessen, denn mit ihr, die übrigens das Wort *patriarchy* geprägt hat, verfuhr das Patriarchat genauso wie mit Mary Daly. Ich stelle mir vor, dass Mary Matildas freundliche Besuche jetzt erwidert, was sie ja bisher nicht konnte, und dass die zwei gemeinsam Pläne schmieden, wie frau diese Welt endlich auf Vorderfrau bringen könnte. Denn, so Daly: »The world needs to become enGAGEd.«

Genau. Und dazu brauchen wir auch Our Daly Bread.

Januar 2010

Frauenfrühstück

Frühstück bei Tiffany oder Déjeuner sur l'herbe, das war einmal. Heute träumt die Frau von einem Frühstück bei Tchibo oder mit Tchibo. Das jedenfalls schrieb mir mein Tchibo.de-Team in einer ihrer poetisch abgefassten Newslettas, die gestern kam:

> Liebe Frau Pusch,
> versüßen Sie sich das Aufstehen und starten Sie genuss-voll in den Tag. Bei Tchibo finden Sie jetzt alles für die perfekte Küche: Entdecken Sie hochwertiges Geschirr, stilvolles Zubehör und dekorative Accessoires und freuen Sie sich auf erstklassiges Design zu günstigen Preisen.
> Schöner kann ein Tag kaum beginnen.
> Ihr Tchibo.de-Team

Neu und liebenswert an der Tchibo-Anzeige ist die im Bild veranschaulichte Idee, dass zu dem perfekten Morgen und dem genussvollen Start in den Tag nicht nur das hochwertige Geschirr, das stilvolle Zubehör und die dekorativen Accessoires von Tchibo gehören, sondern vor allem eine nette Gefährtin, mit der wir uns lebhaft unterhalten können.

Ein absolutes Novum in der Welt der Frühstücksanzeigen: Das Frühstück, wohl die intimste Mahlzeit, wird hier nicht von einer Frau und einem Mann zelebriert, sondern von zwei Frauen. Vielleicht leben sie zusammen? Vielleicht haben sie sich gerade kennengelernt, und am Vorabend die spannende Frage »Frühstück bei mir oder bei dir?« zufriedenstellend geklärt. Sie haben eine glückliche Nacht verbracht, frau sieht es ihnen an.

Truman Capotes *Frühstück bei Tiffany* transponiert eine Schwulen-Liebesgeschichte ins Heteromilieu – auch in den angeblich »Swinging Sixties« viel akzeptabler.

Hundert Jahre früher zeigt uns Manet mit seinem »Déjeuner sur l'herbe« ebenfalls die Welt aus Männersicht: Die Männer diskutieren lässig und genießen warm verpackt den Anblick der nackten Schönen, die sie schon vor dem Frühstück vernascht haben. Die nackte Frau ist preisgegeben, auf dem Präsentierteller, und sie friert vermutlich.

Die Geschichte des Frühstücksmotivs in der Kunst zeigt uns: Ein Frühstück unter Frauen ist einfach gemütlicher.

Und nun hat sich dies uralte Geheimwissen der Frauen so weit herumgesprochen, dass sogar Tchibo es mitbekommen hat. Wie schön.

Oktober 2010

Slutwalk und Schlampenmarsch

Slutwalks überall, hier in Boston fand schon im Mai einer statt, und übermorgen, am 13. August, geht es mit deutscher Gründlichkeit deutschlandweit los, in Hamburg, Köln, Hannover, Berlin, Leipzig, Frankfurt, Freiburg, München, Passau und im Ruhrgebiet.

Ich bin begeistert, dass wir Frauen uns wieder bewegen, an die frische Luft kommen und ordentlich Vitamin D machen für den Winter – je weniger wir anhaben, umso mehr! Toll, dass wir endlich mal wieder für ein ureigenes Anliegen auf die Straße gehen, zuhauf, in Scharen: gegen den unerträglichen männlichen Sexualterror. Dass wir dafür eine Methode gefunden haben, die die Medien umso magischer anzieht, je mehr wir uns ausziehen, finde ich genial. Wir schlagen sie mit ihren eigenen Waffen bzw. fangen sie in ihren eigenen Netzen.

Ich bin dafür, wenn auch nicht dabei, denn ich bin in Boston, und als hier der Slutwalk abging, war ich in Hannover und hatte von *Slutwalk* noch nie was gehört.

Dabei ist so ein Slutwalk im Sommer genau das Richtige. Joey und ich machten früher unseren täglichen Powerwalk in der Eilenriede (Hannover) oder im Franklin Park (Boston) – jetzt nennen wir es lieber Slutwalk. Ist kürzer und zeitgemäßer und passt besser zu unserem Alter (powerwalken ist zu anstrengend) und zu unserer legeren, um nicht zu sagen schlampigen Kleidung. »Komm, Sluttie«, sagte Joey gestern zu mir, und ich, einst eine stolze Prüde, habe nur gelacht und bin *mitgewalkt*.

Mit diesem hybriden Ausdruck bin ich bei meinem eigentlichen Thema, denn dies hier ist ja ein Sprachblog. Das Wort *Schlampenmarsch* ist zwar eine Fehlübersetzung, aber eine wirkungsvolle. *Slut* wäre wohl besser mit *Fotze* wiedergegeben. *Schlampe* ist viel weniger aggressiv als *slut*. *Slut* klingt nach *slit* (*Schlitz*, *aufschlit-*

zen), »Fotze«. Daher auch die widerstrebende Reaktion vieler gestandener Feministinnen in den USA, sich diesen verhassten Ausdruck »anzuziehen«.

Und ein *Walk* ist nun wirklich kein Marsch, sondern ein Gang. Aber unser Wort *Gang* ist im Gebrauch sehr eingeschränkt. Zwar kennen wir die *Fußgängerin* und den *Fußgänger* – aber keinen *Fußgang*.

Der *Slut Walk* ist vermutlich dem *Perp Walk* nachgebildet, dem vor einiger Zeit Strauss-Kahn unterzogen wurde. Eine Art Spießruten*lauf* für den *Perp(etrator)*, den *Täter*. Aber Schlampen*lauf* ginge auch nicht, denn es wird ja nicht gerannt, sondern gegangen. Aber nicht *spazieren gegangen*, deshalb fällt auch die gängige Übersetzung *Spaziergang* für *walk* aus. Wäre auch viel zu lang.

Widmen wir uns nun den Vorzügen der Fehlübersetzung: Die Verkopplung der unordentlichen *Schlampe* mit dem militärischen *Marsch* ist so apart wie attraktiv. Die *Schlampe* wird dadurch ordentlicher und der *Marsch* schlampiger – beide Seiten können das gut vertragen.

Wahrscheinlich wird es bei dem Wort *Slutwalk* auch für die deutschen Ablegerinnen bleiben, und der *Schlampenmarsch* fristet daneben ein sprachliches Schattendasein.

Aber wenn der Original-Slutwalk immer mehr Varianten hervorbringt, wird sicher auf die *Schlampen* zurückgegriffen. Z. B. könnte ich mir gut eine Schlampen*prozession* zu Ehren der Urschlampe Maria Magdalena vorstellen. Oder einen BlumenSchlampen*Korso* – gibt es Schlampigeres als Blumen, die ihre Geschlechtsteile herausfordernd zur Schau stellen?

Männer dürfen als Schlampi mitmachen (Plural von Schlampus). Und den Schampus nicht vergessen für die durstigen Schlampen. Damit alle gemeinsam schlampampen können.

Und Schlumpi, der Hund mit dem schlumpigen Geschlechts- und Ausscheidungsgebaren, darf auch mitschlumpen. Dann brauchen wir abends nicht mehr mit ihm Gassi zu gehen (engl. *slutwalk the dog*).

August 2011

Frauen- und Gleichstellungspolitik

Gleichstellung besser andersrum: Ohne Bindestrich ist hübscher

In Österreich dürfen Lesben und Schwule sich seit Januar verpartnern, ein gemeinsamer Familienname bleibt ihnen allerdings verwehrt. Der bleibt den »richtigen« Eheleuten vorbehalten, die als Frau und Mann eine herrkömmliche Ehe eingehen.

Der kleine Unterschied ist diesmal wahrhaftig klein: Es geht um einen Bindestrich!

Für Verehelichte gilt:

§ 93 Abs. 2 ABGB:
(2) Derjenige Verlobte, der nach Abs. 1 als Ehegatte den Familiennamen des anderen als gemeinsamen Familiennamen zu führen hat, kann dem Standesbeamten gegenüber vor oder bei der Eheschließung in öffentlicher oder öffentlich beglaubigter Urkunde erklären, bei der Führung des gemeinsamen Familiennamens diesem seinen bisherigen Familiennamen *unter Setzung eines Bindestrichs zwischen den beiden Namen* voran- oder nachzustellen. [...]

Für bloß Verpartnerte gilt hingegen:

§ 2 Abs. 2 Zif. 7a des Namensänderungsgesetzes:
[Ein Grund für die Änderung des Familiennamens liegt vor, wenn] der Antragsteller einen Nachnamen erhalten will, der gleich lautet wie der seines eingetragenen Partners, und dies gemeinsam mit der Begründung der eingetragenen Partnerschaft beantragt; damit kann auch der Antrag verbunden sein, als höchstpersön-

liches, nicht ableitbares Recht seinen bisherigen *Nachnamen voran- oder nachzustellen.*

Die maskuline Diktion der Gesetze ist grotesk und genauso hinterwäldlerisch wie ihr Inhalt – aber konzentrieren wir uns hier nun mal auf den erlaubten oder nicht erlaubten Bindestrich.

Mich erinnert die ganze Sache an eine Schlagzeile der *taz* vom 19.7.2001 – das Bundesverfassungsgericht hatte soeben eine Normenkontrollklage aus Bayern und Sachsen gegen die geplante »Lebenspartnerschaft« abgeschmettert – und die *taz* titelte frech: »Homos droht der Eheknast«.

War das Lebenspartnerschaftsgesetz, das die Lesben und Schwulen mühsam erstritten hatten, denn gar nichts wert? So weit würde ich nicht gehen – aber auch ich war und bin eher für eine Gleichstellung in umgekehrter Richtung: Abschaffung der Ehe: Auch Heterosexuelle dürfen nicht heiraten.

Und den Bindestrich finde ich auch nicht besonders erstrebenswert, sondern eher provinziell. Lange Zeit war es in Deutschland für Frauen die einzige Möglichkeit, ihren Geburtsnamen beizubehalten – was bis zu dieser halbherzigen Lösung auch undenkbar war. Deshalb nannte sich Thea Nolte nach der Heirat mit Herrn Bähnisch einfach Theanolte Bähnisch – sehr kreative und eigenwillige Lösung!

Auch der Name der Frau kann als »Familienname« gewählt werden, und der Gatte darf seinen Geburtsnamen mit Bindestrich anhängen oder voranstellen. Nur geschieht das natürlich so gut wie nie: Ein Name wie »Fritz Meyer-Mansfeld, geborener Meyer« – das ist doch dem Manne nicht zuzumuten.

Über die Pionierinnen der Namensemanzipation wurde natürlich immerfort gewitzelt, am meisten wohl über Leutheusser-Schnarrenberger und Däubler-Gmelin. An »Hamm-Brücher« hingegen hatten sich die meisten schon seit den Fünfzigern gewöhnt.

Der Bindestrich verbindet die zwei Namen zu einem »Familiennamen« – ohne Bindestrich hingegen kein »Familienname«, sondern nur ein »Nachname«.

Lesben und Schwule sind empört über die Ungleichbehandlung. Aus einem Jörg Kaiser wurde nicht ein Jörg Eipper-Kaiser, sondern nur ein Jörg Eipper Kaiser – Gemeinheit! Persönlich finde ich die Lösung mit dem Mittelnamen ehrlich gesagt eleganter. Und diese ist anscheinend den Heteros und Heteras verwehrt, wenn ich das feingesponnene Kuddelmuddel-Gesetzeswerk richtig verstanden habe.

Elizabeth Barrett Browning, Charlotte Perkins Gilman, Jacqueline Bouvier Kennedy Onassis, John Fitzgerald Kennedy – sind das nicht schöne, klangvolle Namen? Dasselbe mit Binde- oder Minus-Strich? Nee!

Und so erwarte ich jetzt einen Antrag der Heiratswilligen auf Gleichstellung mit den Verpartnerungswilligen, auch aus ästhetischen Gründen.

(Dank an Karin Schoenpflug für die Informationen über die Bindestrich-Kontroverse in Österreich)

Juni 2010

BP und der Dschender-Dschungel

An zwei Tagen im Juni erlebten wir den sprachlichen Ausnahmezustand. Die Medien zeigten, dass sie doch geschlechtergerecht formulieren können.

Nie habe ich so oft das Wort »Staatsoberhaupt« gehört wie an den ersten beiden Junitagen, an denen Ursula von der Leyen als Nachfolgerin von Horst Köhler noch im Gespräch war.

»Suche nach dem Staatsoberhaupt« – so wurde vielfach getitelt. Das »Staatsoberhaupt«, grammatisch neutral, machte sich einfach besser, solange eine Frau, noch dazu eine mächtige, als Favoritin für das Bundespräsidialamt galt – das sonst nur das »Bundespräsidentenamt« oder »Amt des Bundespräsidenten« genannt wird.

Wörter wie »Person« und erst recht »Persönlichkeit« hatten Hochkonjunktur. Auch wurde andauernd gewissenhaft die Doppelform eingesetzt.

Hier ein paar Kostproben:

Für Angela Merkel (CDU) und Guido Westerwelle (FDP) gilt: Anders als Köhler soll der Nachfolger oder die Nachfolgerin parteipolitisch erfahren sein und möglichst auf breite Zustimmung stoßen.

… wollen CDU/CSU und FDP auf jeden Fall einen eigenen Personalvorschlag machen [statt: »Kandidatenvorschlag machen« oder »einen eigenen Kandidaten vorschlagen«]. (dpa newsticker 1.6.2010)

»Wir glauben, dass wir jemanden [immerhin besser als »einen Mann«] mit politischer Erfahrung brauchen«, sagte Unionsfraktionschef Volker Kauder (CDU).

»Wir werden in den nächsten Tagen eine qualifizierte Persönlichkeit suchen.« Die Koalition stehe nicht unter Zeitdruck, wolle aber »relativ rasch« die Personalfrage [nicht: »die Kandidatenfrage«] klären.«

n-tv konnte sich noch nicht so recht an die neue Wirklichkeit gewöhnen und verhaspelte sich im Dschender-Dschungel:

Die Opposition fordert eine Persönlichkeit, *der* von allen unterstützt werden könnte.

Wenn ich noch an der Uni feministische Linguistik unterrichten würde, würde ich sofort eine sprachliche Analyse der Zeitungsartikel und TV-Sendungen des 1. und 2. Juni 2010 zum Thema »Neues Staatsoberhaupt gesucht« als Seminar- oder Abschlussarbeit vergeben.

Am 3. Juni war der schöne Spuk vorbei, war das geschlechtsneutrale »Staatsoberhaupt« schon wieder aus dem allgemeinen Diskurs verschwunden. Zwei Männer kämpften nun um das Amt (ab 3. Juni), Luc Jochimsen wurde von der Linken erst eine Woche später als Kandidatin aufgestellt. Und eine chancenlose Frau gegen zwei Männer, da braucht mann nun wirklich keine sprachliche Rücksicht mehr zu nehmen, wie schon ein Jahr zuvor bei der Wahl zwischen Horst Köhler und Gesine Schwan, die in Wahrheit keineswegs chancenlos war; Köhler siegte mit nur einer Stimme Mehrheit. Aber die Kandidatin hatte keine Macht. Wie auch die Sprache dazu beitrug, habe ich in der Glosse »Bundespräsident oder Bundespräsent« (in: *Deutsch auf Vorderfrau*, S. 85-88) analysiert.

So etwas wie sprachliche Gerechtigkeit ergab sich dann erst am 30. Juni wieder, und zwar als Nebenprodukt der Twittersprache, die wie das Simsen von Abkürzungen lebt. Da ich am Wahltag in Boston war, wo sich natürlich kein Aas für die deutsche Staatsoberhaupt-Wahl interessiert, verfolgte ich den Wahl-Dreiteiler per Twitter-Live-Ticker auf Spiegel-Online. Unsäglicher Flachsinn wurde da am laufenden Band dargeboten. **Ein** interessantes Phänomen konnte ich trotzdem ausmachen:

Aus der »Wahl zum Bundespräsidenten« oder »Bundespräsidentenwahl« wurde die »BP-Wahl«. Ob Bundespräsidentin, Bundespräsident oder Bundespräsent – alles BP, one size fits all, kurz, bündig und garantiert geschlechtsneutral.

Und das, obwohl BP ja weiterhin vor allem für die Öl-katastrophe im Golf von Mexiko steht. Aber die ölige Assoziation störte niemanden, gefiel vielleicht sogar den meisten. Die Twitternden waren überwiegend Wulff-GegnerInnen.

Was lernen wir daraus?

Erstens: Es geht. Anscheinend sogar mühelos.

Zweitens: Es geht nur, wenn eine real existierende Frau mit erheblichem Einfluss reale Chancen auf ein hohes Amt hat oder es bereits innehat, wie die Bundeskanz-lerin, die seit ihrem Amtsantritt sprachlich meistens als Frau behandelt wird und damit unsere Sprache bereits sehr positiv beeinflusst hat.

Die real existierende Ärztin oder Apothekerin, die uns aus dem Blickfeld gerät, weil wir immerfort nur unseren Arzt oder Apotheker fragen sollen – solche Personen werden dagegen weiterhin folgenlos missachtet.

Was folgt daraus? Die bis dato frech ignorierte Ärz-tin oder Apothekerin muss ein wahrnehmbarer Macht-faktor werden, indem sie sich mit Frauen zusammentut, die gegen ihre sprachliche Ausmerzung protestieren.

Juli 2010

Equal Pay Day:
23 oder 30 Prozent Unterschied?

Der März hatte es in sich in Sachen Frauenpolitik. Wir feierten 100 Jahre internationaler Tag der Frau, begin-gen den »Equal Pay Day«, und zum Schluss gab es noch das Spitzengespräch zur Frauenquote zwischen den Mi-nisterinnen von der Leyen, Schröder und Leutheusser-Schnarrenberger auf der einen und Vertretern der DAX-Unternehmen auf der anderen Seite.

Bei allen drei Events, die uns an und für sich ja hoffen lassen, gab es die üblichen weiblichen Probleme mit der Mathematik – gut, dass wir jetzt die Förderpläne für die MINT-Fächer entwickeln (MINT = Mathematik, Informatik, Naturwissenschaften und Technik).

Hundert Jahre Tag der Frau hatten wir schon letztes Jahr gefeiert – was stimmt denn nun?

Bei der Debatte zur Frauenquote tönte Ministerin Schröder, sie wolle eine Verdreifachung des Frauenanteils in den Führungsgremien bis 2013. Das klingt ja enorm. Was sie in dem Zusammenhang weniger breittrat, war die Tatsache, dass wir nach Erreichung des schwindelerregenden Zuwachses grade mal bei 6 % angekommen sind, denn derzeit gibt es 2 % (in Worten: zwei!) Frauen in den Führungsetagen. Das klingt ja nun echt mickrig. Nennen wir es doch lieber »Verdreifachung!«

Am interessantesten aber ist der Equal Pay Day. Da geht es nämlich um die Frage, ob der Lohnunterschied zwischen den Geschlechtern nun 23 % oder 30 % beträgt. Ist ja nicht grade unerheblich. Bezogen auf 23 % wären 30 % über ein Drittel mehr Differenz.

Des Rätsels Lösung: Es kommt auf die Bezugsgröße an – welchen Wert setze ich an als 100 %? Den Männerlohn oder den Frauenlohn? In meinen Seminaren behandle ich solche Fragen unter der Überschrift »Frauenzentriertes Denken«. Das fällt uns Frauen noch schwerer als Mathematik. Es ist keine Fertigkeit, sondern eine Kunst, aber sie lässt sich lernen.

Sagen wir mal, die Männer verdienen pro Stunde im Schnitt 20 € und die Frauen 15. Dann verdienen die Frauen ein Viertel oder 25 % weniger als die Männer; der Lohnunterschied beträgt 25 %.

Genauso wahr ist aber, dass die Männer ein ganzes Drittel, also 33 % mehr verdienen als die Frauen, der Lohnunterschied beträgt also satte 33 %.

Und damit die Frau dasselbe bekommt wie der Mann in einer Stunde, muss sie nicht nur eine Viertelstunde, sondern 20 Minuten länger arbeiten. Für das Jahr gilt entsprechend: Nicht nur ein Vierteljahr, sondern 4 Monate länger!

Auf der Seite http://www.equalpayday.de der BPW (Business and Professional Women) lese ich:

> Nach der Veröffentlichung des Statistischen Bundesamtes (Destatis) vom 12. November 2009 »haben Frauen in Deutschland im Jahr 2008 mit durchschnittlich 14,51 Euro pro Stunde 4,39 Euro weniger als ihre männlichen Kollegen verdient. Damit lag der Gender Pay Gap, das heißt der prozentuale Unterschied im durchschnittlichen Bruttostundenverdienst von Frauen und Männern, wie bereits in den Vorjahren konstant bei 23 %.«

Ich nehme mal an, dass im Statistischen Bundesamt überwiegend Männer wirken. Sie fanden es sicher optisch hübscher, den Lohnunterschied mit 23 % zu beziffern, als mit 30 %. Geschickte Wortkosmetik, wie bei Kristina Schröders »Verdreifachung«.

Ich rechne mal vor, wie die unterschiedlichen Zahlen zustande kommen:

14,51 € (Frauenlohn) + 4,39 € = 18,90 € (Männerlohn)
14,51 : 18,9 × 100 = 76,77
[14,51 € (Frauenlohn) sind 76,77 % von 18,9 € (Männerlohn)]
100 % − 76,77 % = 23,23 % Differenz

18,90 € : 14,51 € = 130,25
[18,90 € (Männerlohn) sind 130,25 % von 14,51 € (Frauenlohn)]
130,25 % − 100 % = 30,25 % Differenz

Setzen wir unseren Lohn als Vergleichsgröße von 100% an (denken wir frauenzentriert!), so ergibt sich der stattliche Lohnunterschied von fast einem Drittel: 30,25 %!

Auf der »Equal Pay Day«-Seite lese ich weiter:

Der Aktionstag »Equal Pay Day« findet jährlich statt und markiert den Entgeltunterschied zwischen den Geschlechtern in Deutschland als den Zeitraum, den Frauen über den Jahreswechsel hinaus arbeiten müssten, um auf das durchschnittliche Vorjahresgehalt von Männern zu kommen.

Das Datum des Aktionstages »Equal Pay Day« errechnet sich in Deutschland nach der Formel: 52 Wochen/Jahr × 5 Arbeitstage/Woche = 260 Arbeitstage/Jahr × statistisch aktuell ermittelter Entgeltunterschied in Prozent.

Dies Jahr war der Equal Pay Day am 25. März: 60 Tage länger musste die Frau angeblich arbeiten, um auf den Lohn des Mannes zu kommen.

Tatsächlich muss sie aber 78 Tage länger arbeiten, nämlich bis zum 20. April. Dann hat sie die 30 % aufgeholt, die der Mann im letzten Jahr mehr verdient hat als sie.

Also liebe Frauen, begehen wir auch den Equal Pay Day gleich noch mal. Doppelt hält besser, das sahen wir ja schon bei der zweiten 100-Jahr-Feier des Internationalen Tags der Frau.

April 2011

Frauen machen von sich reden,
Männer immer weniger

Die USA schickten diesmal mehr Frauen als Männer zu den Olympischen Spielen: 268 zu 255. Der ungewöhnliche Vertrauensvorschuss hat sich ausgezahlt: Die Frauen gewannen fast doppelt so viele Goldmedaillen wie die Männer: 29 zu 17.

US-Frauen haben die Männer nicht nur im Sport überrundet; sie sind auch dabei, sie sprachlich einzuholen.

1999 veröffentlichte ich ein Buch mit dem Titel *Die Frau ist nicht der Rede wert*. Diese Behauptung kann jetzt revidiert werden, zumindest für US-Frauen. Sie machen von sich reden, mehr als je zuvor.

Das ist das Ergebnis einer sprachstatistischen Untersuchung von rund 1,2 Millionen Texten des *Google Books Archive* aus den Jahren 1900 bis 2008. Drei LinguistInnen haben untersucht, wie oft in den Texten die Pronomina ›he‹ und ›she‹ vorkamen. Bis 1950 gewann ›he‹ 3,5 zu 1 gegen ›she‹. Danach wurde es noch schlimmer. Die Männer kamen aus dem Krieg zurück und scheuchten die Frauen zurück an den Herd. Ergebnis: Bis Mitte der 60er Jahre war der Vorsprung von »he« gegenüber »she« auf das Viereinhalbfache angestiegen.

Und dann kam Betty Friedan und die Frauenbewegung. Um 1975 war das Verhältnis nur noch 3:1, und im Jahre 2005 war es weniger als 2:1.

Kommentar von Jean M. Twenge, Psychologieprofessorin an der San Diego State University und Leiterin der Studie: »Diese sprachlichen Trends quantifizieren eine der größten und schnellsten kulturellen Umwälzungen, die je verzeichnet wurden: den unglaublichen Statuszuwachs der Frauen in den USA seit Ende der sechziger Jahre.«

Und wie sieht es in Deutschland aus? Sind auch hier Frauen jetzt »der Rede wert«?

Um diese Frage zu beantworten, bräuchten wir eine ähnliche Studie wie die zu ›she‹ und ›he‹. Sollen wir uns also das Google-Archiv vornehmen und zählen, wie häufig ›sie‹ im Vergleich zu ›er‹ vorkommt?

Nein, das würde zu gar nichts führen. Anders als die englischen Pronomina ›she‹ und ›he‹ stehen ›sie‹ und ›er‹ nicht nur für Personen, sondern auch für Dinge und Abstrakta, vgl.: *Sie hat einen neuen Fernseher, aber er ist schon wieder kaputt.* Und ›sie‹ kommt im Deutschen garantiert öfter vor als ›er‹, weil ›sie‹ auch die Mehrzahl von ›er‹ und ›sie‹ (Singular) ist: *Angela hat sich im Internet eine Jacke und einen Rock gekauft, aber **sie** passen ihr beide nicht.* Und zusätzlich fungiert ›Sie‹ noch als Höflichkeitsform: *Bitte sprechen Sie nach dem Pfeifton!*

Verlässliche Aussagen über eine Statusverbesserung der Frauen in deutschsprachigen Ländern ließen sich erzielen durch Auszählen der Endungen *-in* und *-innen* und der Formen mit dem Binnen-I. Je mehr davon in deutschen Texten vorkommen, umso mehr haben Frauen von sich reden gemacht, logo.

Noch ein Argument dafür, diese Formen einzusetzen so oft wie möglich.

Quelle: Hillel Italie: »In battle of pronouns, feminine closing in on masculine, study finds: Gender research looked at books' ›he-she‹-gap«, *Boston Globe*, 10. August 2012, S. A16. Eine erweiterte Fassung dieses Artikels ist hier noch online zu lesen: http://www.independent. co.uk/arts-entertainment/books/news/study-reveals-rise-of-feminine-pronouns-8030574.html

September 2012

Die Frauenquote und die Vorzimmerdame

In diesen Tagen reden wieder alle von der Frauenquote. Die Quote wird eines Tages sogar in Deutschland kommen, wo sie sich im Vergleich zu anderen europäischen Ländern noch schwertut – (vermutlich ein Erbe unserer Nazivergangenheit). Sie wird dann möglicherweise sogar »Männerquote« heißen und vorschreiben, dass der Männeranteil in Gremien und Sparten aller Art nicht unter 50 % fallen darf. Denn dahin geht der Trend, wenn auch zu langsam: Frauen holen auf in vielen gesellschaftlichen Bereichen, und in vielen haben sie nicht nur aufgeholt, sondern die Männer überholt. Männer täten also gut daran, die Frauenquote zu unterstützen, damit sie dereinst selbst von der einmal etablierten Geschlechtergerechtigkeit profitieren können.

Während die Politik sich über die Frauenquote die Köpfe heiß redete, hatte ich meine ganz eigenen privaten Erlebnisse damit. Ich habe Probleme mit der rechten Schulter – nach 30 Jahren eifriger Arbeit an meiner Compute leide ich an einem »Mausarm«, wie mir mein Hausarzt erklärte. Schließlich ging ich in die nächstbeste orthopädische Praxis. Sie wird von drei Männern betrieben, nichts mit Frauenquote. Der Arzt, bei dem ich landete, ordnete eine MRT an.

In der radiologischen Praxis weit vor den Toren der Stadt wirken sieben Ärzte und zwei Ärztinnen – eine Frauenquote von 22 %. So viel etwa sind auch für unsere Vorstände der DAX-Unternehmen vorgesehen, aber erst ab 2018. Ist ja eigentlich erbärmlich, und trotzdem wird nicht einmal dieses vom Bundesrat befürwortete Armutszeugnis durch den Bundestag kommen, heißt es allgemein.

Ich bekam in der radiologischen Praxis allerdings nur Frauen zu sehen. Eine erklärte mir die Prozedur, passte meine Schulter in die Apparatur und schob mich in die Backröhre. Sie sprach einige beruhigende Worte und holte mich nach etwa 20 Minuten wieder raus. Ich schaute benommen um mich und sah – noch ohne wiedergewonnene Brille – einige Frauen, die auf Bildschirme starrten (der Mausarm ist auch ihnen sicher). Vielleicht waren auch die beiden Ärztinnen darunter; ich vermute eher, ich bekam das technische und das Hilfspersonal zu sehen.

Die Ergebnisse der MRT besprach ich einige Tage danach mit dem Orthopäden. Er verschrieb mir Schmerztabletten und Physiotherapie. Ob er mir eine Physiotherapeutin empfehlen könne, fragte ich ihn. Nein, das sei nicht erlaubt. Aber die Damen draußen beim Empfang hätten da stapelweise Prospekte rumliegen, da könnte ich mir dann das Passende aussuchen. »Die Damen« konnten mir tatsächlich weiterhelfen, und so landete ich schließlich bei einer Physiotherapeutin um die Ecke. Ihre Praxis ist winzig, der kleine Flur dient als Wartezimmer, die Toilette sitzt auch etwas eng, aber die Therapeutin ist hilfreich, kundig und freundlich. Empfangsdamen beschäftigt sie nicht, das macht sie alles selbst. Erst knetet sie, dann windet sie sich durch die Enge bis hinter ihren Schreibtisch und erledigt dort den Bürokram.

Drei Begegnungen mit unserem Gesundheitswesen, und schon ist alles klar. Wir brauchen die Frauenquote, damit nicht nur Ärzte Hilfspersonal haben, sondern auch Ärztinnen und Physiotherapeutinnen. Und damit in der zweiten und dritten Riege nicht nur Frauen wirken, sondern auch Männer.

Bleibt die Sache mit den »Damen« – obwohl es mir auf der Zunge lag, habe ich dem Herrn Doktor nicht widersprochen. Er hätte mich sowieso nicht verstanden und mich als Querulantin abgetan.

Die meisten denken, »Dame« sei eine ehrerbietige Bezeichnung für Frauen, ähnlich wie »Herr« für Männer.

»Sehr geehrte Damen und Herren« – dagegen ist nichts einzuwenden. Auch nicht gegen *Damentoiletten* und *Herrentoiletten*, *Damentennis* und *Herrentennis*. Obwohl das Damentennis – wohl analog zum Frauenfußball – doch heute mehr und mehr *Frauentennis* genannt wird. Auch das *Herrentennis* wird als dünkelhaft empfunden und weicht allmählich dem *Männertennis*. Apropos »Toiletten«: Zwar gibt es »Damentoiletten«, aber keine »Toilettendamen«. Wäre das zu viel der Ehre? Sie heißen stattdessen »Toilettenfrauen« oder, noch geringschätziger, »Klofrauen«; manchmal gibt es sogar »Toilettenmänner«.

Aber »die Damen vom Empfang« – das ist eine ganz andere Geschichte. Hier fehlt die Männerquote bzw. das männliche Pendant. Solange es keine »Herren vom Empfang« bzw. »Vorzimmerherren« gibt, kann uns die »Dame« gestohlen bleiben. Mit »Dame« wird die Frau eine Stufe emporgehoben – aber nur dem Namen nach. Mit Sicherheit stehen die »Damen vom Empfang« in der orthopädischen Gemeinschaftspraxis auf der untersten Stufe der Gehalts- und Prestigeskala.

Die feministische Linguistik hat schon vor 40 Jahren darüber sinniert, warum die Frauen eingeteilt werden in »Damen« und »Frauen« – und »Fräuleins« gab es damals auch noch!

Jetzt kämpfen einsichtige PolitikerInnen um die Frauenquote – rund 40 Jahre nachdem Feministinnen sie gefordert haben, ist das Thema also in den obersten Gremien angekommen, wie schön!

Warum heißt die Quote *Frauenquote* und nicht *Damenquote*? Warum sagen wir »Frauenbewegung« und nicht »Damenbewegung«? Auch »Damenstimmrecht« wäre ja wohl eher lachhaft gewesen. Fast so lächerlich wie die »Damenprogramme« für »die Damen der Herren Politiker«.

Die Frauenquote heißt Frauenquote und nicht Damenquote, weil es dabei um *alle* Frauen geht, genau wie beim Frauenstimmrecht und bei der Frauenbewegung. Es geht nicht um Frauen, die vornehmer sind als die anderen Frauen und deshalb »Damen« genannt werden. Und es geht auch nicht um die Damen des Vorzimmers, denen mit dieser Bezeichnung herablassend ein Pseudostatus zugewiesen wird.

Des Öfteren lese ich auch von *Hundedamen*, vorzugsweise von *Dackeldamen*. *Hundeherren* sind mir dagegen noch nie begegnet. Anscheinend bedarf nur die Hündin solcher Wortkosmetik. Während Herrchen sich durch einen *Hundeherrn* erniedrigt fühlen dürfte.

September 2012

Integration

Die Debatte um Sarrazin
aus feministischer Sicht

Es gibt in Deutschland zwei beliebte Forderungen, die aber nicht laut ausgesprochen werden dürfen:
- – Frauen zurück an den Herd!
- – Ausländer raus!

Wenn dann aber eine oder einer kommt und diese Forderungen in einem Buch vertritt, ergibt sich ein überwältigender Verkaufserfolg.

So geschah es vor vier Jahren mit Eva Hermans Buch *Das Eva-Prinzip: Für eine neue Weiblichkeit.* Und so geht es seit Montag mit Thilo Sarrazins *Deutschland schafft sich ab: Wie wir unser Land aufs Spiel setzen.* Hermans Buch befand sich gleich nach Erscheinen auf Platz eins bei Amazon, genau wie jetzt Sarrazins Buch. Auch Sarrazin darf sich auf sehr satte Gewinne freuen.

Beide verloren bald nach ihrem riesigen publizistischen Erfolg ihre öffentlich-rechtlichen Ämter, beide mit derselben Begründung: »Unerträgliche Nähe zu Nazithesen«.

Gegen Herman argumentierten damals zuerst nur Feministinnen, der Rest des Volkes jubelte ihr zu und kaufte ihre Bücher. Im Falle Sarrazin schweigen die Feministinnen vorerst, das Volk kauft seine Bücher, und Medien und Politik verurteilen Sarrazin unisono, von links bis rechts.

Gestern sah ich in »KulturZeit« (3sat), wie Michel Friedman Sarrazin in Grund und Boden verdammte.

Darf einer, der seinerzeit in der Versenkung verschwinden musste, weil es herausgekommen war, dass er sich

Zwangsprostituierte ins Hotel bestellt hatte, sich moralisch über einen anderen Patriarchen erheben? Offenbar darf er.

Der Vorfall erklärt ganz gut, weshalb die Feministinnen noch schweigen: Wir haben es mit zwei verschiedenen Versionen des Patriarchats zu tun. Sarrazin kämpft gegen das muslimische Patriarchat mit westlich-patriarchalen Mitteln, seine Gegner verteidigen es oder wollen da nichts Unrechtes erkennen. Die Schriftstellerin Monika Maron und die türkischstämmige Feministin Necla Kelek sind bisher die einzigen weiblichen Promis, die sich auf die Seite von Sarrazin stellen, Kelek vor allem, weil sie in ihm einen Verbündeten im Kampf gegen das muslimische Patriarchat sieht.

Das muslimische Patriarchat verlangt, dass die Frau sich verhüllt, das westliche Patriarchat verlangt, dass sie sich auszieht. Sarrazin will nicht, dass muslimische Familien hier nichts tun, als »lauter Kopftuchmädchen« zu produzieren, und es sich im Übrigen »mit Sozialtransfers bequem machen«.

Natürlich aber produzieren muslimische Familien nicht nur »Kopftuchmädchen«, sondern auch Jungs, und die finden wir Frauen weit gefährlicher, weil sie manchmal »Ehrenmorde« begehen. Allerdings sind sie nicht gefährlicher als nichtmuslimische Jungs und Männer, die auch häufig Frauen umbringen, wenn auch meist nicht aus Gründen der Ehre.

Sarrazin befürchtet, dass in Deutschland die durchschnittliche Intelligenz sinken wird, weil »bildungsferne Schichten« wie die muslimischen Familien mehr Nachwuchs produzieren als die sogenannte Elite.

Auch hier können wir Feministinnen nur den Kopf schütteln über dies naive Vertrauen eines Bankers auf die Meriten der Eliten. Haben doch diese Eliten gerade ganze Volkswirtschaften an den Rand des Abgrunds manövriert, was »bildungsfernen Schichten« nicht so schnell gelingen würde.

Die ganze Sache ist sehr komplex, deshalb will ich hier nur auf »die Bildung« eingehen.

Da haben wir auf der einen Seite die »bildungsfernen Schichten« und auf der anderen Seite »die Bildungsverlierer«. Früher sagte mann stattdessen einfach »dumm« oder »blöd«: Das »dumme Volk« und die »dummen Jungs«. Vor allem aber »das dumme Weib«, auch »dumme Gans« oder »blöde Kuh« genannt.

Früher galt ein ganzes Geschlecht – und zwar meins, das weibliche – als »dumm« und genetisch minderbegabt. Schon deshalb bin ich auf solche Thesen, die ganzen Gruppen die Intelligenz absprechen, nicht gut zu sprechen. Heute würde niemand mehr laut den »physiologischen Schwachsinn des Weibes« behaupten, aber es ist nicht lange her. Weil die Frauen so dumm waren, ein kleineres Gehirn hatten als die Männer und das Studieren ihrem Uterus schadete, durften sie nicht studieren, nicht wählen – also den Männern nicht ihre Plätze an der Sonne streitig machen. Ähnliches galt für die Schwarzen (damals SklavInnen) in den USA. Benachteiligt sind beide Gruppen bis heute.

Interessant ist nun aber die Sache mit den »Bildungsverlierern« – der geschraubte Ausdruck soll verhindern, dass wir uns deren Situation als ausweglos, weil genetisch bedingt, vorstellen. Mit »Bildungsverlierern« sind im derzeitigen Diskurs vor allem Jungs gemeint. Mädchen, auch die türkischen, passen sich den schulischen Anforderungen besser an, machen ihren Abschluss, bekommen Arbeitsplätze, verdienen Geld und könnten selbständig sein – wenn sie nicht von den Bildungsverlierern und -verweigerern aus Neid unterdrückt würden. Dies jedenfalls war die Botschaft des Arte-Themenabends »Der neue Mann: Brutaler Macho?« am Dienstag. Besonders eindrücklich die Debatte mit den Feministinnen Malika Sorel und Serap Cileli, die der deutschen und der französischen Gesellschaft vehement vorwarfen, vor den Menschenrechtsverletzungen muslimischer Machos die Augen zu verschließen aus Scham wegen ihrer Nazi- bzw. Kolonialvergangenheit.

Ich stimme ihnen zu und bin überhaupt schon lange eine Anhängerin der Forderung: Ausländerinnen rein!

Bei Ausländern wäre ich vorsichtig, genau wie bei Inländern.

Fazit: Sarrazin lokalisiert den Feind in der falschen Ecke, wie es meist geschieht. Die bildungsfernen Schichten sind zur (weiblichen) Hälfte gar nicht so bildungsfern. Sie sind auch mehrheitlich integrationsbereit. Aber die Bildungsverlierer unter ihnen behindern sie auf Schritt und Tritt.

Und wenn jetzt wieder »unzulässige Verallgemeinerung!« gerufen wird, möchte ich auf das Vorbild des Auswärtigen Amtes oder der amerikanischen Homeland-Security-Behörde verweisen. Sämtliche AusländerInnen, die in die USA einreisen wollen, stehen unter dem Generalverdacht, TerroristInnen zu sein, und müssen sich endlosen Prüfungen unterziehen. Das Auswärtige Amt warnt regelmäßig deutsche TouristInnen davor, in bestimmte Länder zu reisen, z. B. in den Kongo, nach Ägypten oder in den Jemen. Dabei sind doch die meisten Menschen (besonders die Frauen) dort friedlich und lieb und tun niemandem was zuleide. Trotzdem folgen wir diesen »unzulässigen Verallgemeinerungen« unserer Behörden, denn wenn Gefahr für Leib und Leben droht, ist eben Verallgemeinerung die Methode der Wahl. Millionen von »unschuldigen« Autos werden aus dem Verkehr gezogen, wenn bei einem die Bremsen versagt haben, Millionen von »unschuldigen« Hühnern »gekeult«, wenn bei einem die Vogelgrippe diagnostiziert wurde.

Dass wir nicht öfter offiziell vor Männern, ob Bildungsverlierer oder nicht, gewarnt werden, liegt nur daran, dass die Offiziellen selbst überwiegend Männer sind. Auch den brandgefährlichen Nazis fiel es nicht ein, das Volk rechtzeitig vor den Nazis zu warnen.

September 2010

Geh deinen Weg – aber geh

An diesem Wochenende überschwemmen uns die Medien mit einem neuen Slogan: »GEH' DEINEN WEG«. Er soll für Integration werben.

Das ist ja auch gut und schön und richtig. Aber wer ist bloß für diesen sprachlichen Missgriff und seine ebenso missratene grafische Gestaltung verantwortlich?!

Die Deutschlandstiftung Integration steht dahinter; sie verbreitet den Spruch. Aber wer hat ihn sich ausgedacht und wer hat das Design des Logos verbrochen? Das habe ich noch nicht herausbekommen. Im Internet lese ich Folgendes über die guten Absichten der Aktion:

Der Aktionstag
Integration ist eine der zentralen Zukunftsaufgaben in Deutschland und es gibt kein besseres Vorbild für gelebte Integration als den Fußball. Integration ist auf dem Platz kein Thema, Integration gelingt spielend. Mit dem Bundesliga-Aktionstag will die Deutschlandstiftung Integration gemeinsam mit der Bundesliga das Thema Integration in den öffentlichen Fokus rücken.
Am Wochenende des 14. bis 16. September 2012 – dem dritten Spieltag der Fußball-Bundesliga – verzichten alle 18 Bundesligavereine und deren Sponsoren auf Tri-

kotwerbung und laufen stattdessen einheitlich mit dem Aktionsmotto »Geh' Deinen Weg« auf. Auch die Spielbälle der Bundesliga werden mit dem Logo der Initiative versehen sein. Die Botschaft ist klar: Egal, woher ein Mensch kommt, er soll die gleichen Chancen haben wie alle anderen, seinen Weg in unserer Gesellschaft zu finden. Bereits vor 20 Jahren machte sich die Bundesliga unter dem Eindruck der fremdenfeindlichen Ausschreitungen von Rostock und Solingen mit der Kampagne »Mein Freund ist Ausländer« öffentlich für ein friedliches Miteinander stark.

Bundeskanzlerin Dr. Angela Merkel gab als Schirmherrin der Stiftung gemeinsam mit DFL-Präsident Dr. Reinhard Rauball, FC Bayern München Präsident Uli Hoeneß und Vorstandsvorsitzender der Deutschlandstiftung Integration Wolfgang Fürstner den Startschuss für die Aktion. (Quelle: http://www.geh-dei nen-weg.org/der-aktionstag/)

Ich hätte es ja besser gefunden, wenn die Fußballer bei ihren Spielen an diesem Wochenende demonstrativ ein Kopftuch getragen hätten. Aber an die Integration der Weiblichkeit in die männliche Spielkultur ist wohl noch nicht gedacht. Alles zu seiner Zeit. Nicht zu ihrer.

»Geh deinen Weg« – für Zwangsprostituierte und Menschen in Abschiebehaft, um nur einige zu nennen, die keine Wahl haben – für all diese wird der Spruch ohnehin wie glatter Hohn klingen.

Ob ich will oder nicht, sehe ich an Wochenenden Ausschnitte aus den Spielen der Bundesliga; wenn ich die Wettervorhersage mitkriegen will, muss ich erst Fußball gucken. Und was sah ich diesmal? Alle Spieler trugen auf ihren Hemden das Logo »GEH WEG!« Das »DEINEN« ist kleiner gedruckt und deshalb kaum erkennbar.

Deutschlandstiftung Integration. Bild: Ole Bader /
Sandwichpicker.

Geh weg! Schöne Botschaft! Ist das vielleicht der eigentliche Sinn der hehren Sportsaktion? Ihr Subtext, wie die moderne Textwissenschaft es nennen würde?

Der Spruch scheint eine Freud'sche Fehlleistung zu sein wie sie im Buche steht. Vordergründig wird Integrationsbereitschaft bekundet, aber der Hintergrund scheint deutlich durch: »GEH WEG!« Hätten sie doch wenigstens Groß- und Kleinschreibung gewählt (»Geh Weg«) statt all der Großbuchstaben!

Linguistinnen werden ja für solche Großaktionen nicht zu Rate gezogen, sondern eher unsere »Kreativen«. Was hätte ich denn vorgeschlagen, wenn mann mich gefragt hätte?

Nun, vermutlich so was wie:

»Du bist willkommen!«
»Du bist ok, ich bin ok!«
»Wir brauchen dich!«
»Frauen gemeinsam sind stark!«
»Hochinklusiv!«

Denn bei der Integrationsproblematik ist ja nicht die Minderheit das Problem, sondern die Mehrheit, die sich mit dem Integrieren »der anderen« schwertut. Rosa von Praunheim brachte es schon vor 40 Jahren mit seinem Film auf den Punkt: »Nicht der Homosexuelle ist pervers, sondern die Situation, in der er lebt«. Deshalb sollte die Mehrheit nicht der verfolgten Minderheit leutselig auf die Schulter klopfen und ihr gute Ratschläge erteilen, sondern sich vielmehr selbst aufmuntern, »die anderen« besser willkommen zu heißen und aufzunehmen.

Gut gemeint ist oft nicht gut genug. Sprüche sind gut, aber sie müssen auch gut sein. Am besten aber wäre natürlich eine Kopftuchaktion unserer Helden der Nation gewesen. Aber so tapfer sind die Helden noch nicht.

September 2012

Komische Ausdrücke

Singles und ihre Artikel

Nicht, was Sie jetzt wieder denken. Hier geht es ganz nüchtern um grammatische Artikel wie *der, die, das*.

Der, die, das – in dieser Reihenfolge werden bei uns die Artikel aufgezählt. Warum eigentlich? Warum sagen wir nicht *die, das, der* nach dem Titanic-Prinzip (»Frauen und Kinder zuerst«)? Oder alphabetisch *das, der, die*?

Wir sagen auch: *er, sie, es*
Oder: *männlich, weiblich, sächlich*
Oder: *Maskulinum, Femininum, Neutrum*
Die Reihenfolge bildet eine Rangfolge ab: Der Mann rangiert höher als die Frau, die Frau höher als ein Tier oder Ding. Unsere Grammatik stuft die Frau vom Rang her als Mittelding zwischen Mensch und Tier/Ding ein.

Immerhin! Wir wollen nicht undankbar sein oder maßlos. Aber das Tier auf derselben Stufe wie das Ding – da müsste doch der Tierschutz einschreiten!

An diese Ordnung der Dinge wurde ich wieder erinnert, als ich neulich eine Sendung mit dem Titel »Die Single« aus der interessanten Reihe über »Die Dinge des Lebens« sah.

Ich schaute übrigens nur aus feministisch-linguistischem Interesse zu, denn ich hatte mich, etwas naiv, gefragt, wieso »die Single« zu den »Dingen« des Lebens zählt. Bei »Single« dachte ich mehr an »alleinstehende Person«, an Sätze wie: »Sie ist eine überzeugte Single; ihr Bruder auch.«

Aber so läuft das ja nicht in der deutschen Männersprache. Im Duden erfahre ich, dass *Single* zu jenen seltenen Substantiven gehört, die im Deutschen mit allen drei Artikeln (bzw. Genera) verknüpfbar sind:

das Single »Einzelspiel (im Tennis o. Ä.)«

die Single »kleine Schallplatte«

der Single »alleinstehender Mensch«

Die Sendung handelte denn auch von der »kleinen Schallplatte«, einem inzwischen zum Kultobjekt aufgestiegenen »Ding des Lebens« aus den 50er und 60er Jahren, für das ich mich nie besonders interessiert habe.

Nun werdet ihr sagen, was regt sie sich wieder auf, schließlich heißt es doch

der Mensch – ergo *der* Single,

die Schallplatte – ergo *die* Single

das Spiel – ergo *das* Single.

Es stimmt, die Artikel für aus dem Englischen übernommene Wörter richten sich oft nach dem Artikel sinnverwandter deutscher Wörter, anders wäre die Übernahme von *the girl* als *das Girl* statt *die Girl* kaum zu verstehen.

Aber mit demselben Recht hätte es heißen können:

die Person, ergo *die* Single:

Udo ist eine alleinstehende Person, ergo eine Single.

Schluss jetzt mit dem langweiligen Grammatikunterricht. Was ich eigentlich sagen und hier nur mal wieder mit einem neuen Beispiel illustrieren wollte:

Lassen Sie sich nicht stören, wenn »die Single« schon für was anderes gebraucht und »besetzt« ist.

Es heißt:

Meine Freundin ist eine hochbezahlte Manager und überzeugte Single. Ihre Tochter, eine Teenager, ist eine begeisterte Fan von Dusty Springfield, Aretha Franklin und Melissa Etheridge, von denen sie jede Menge CDs besitzt und auch etliche Original-Singles.

Januar 2010

Herr im Haus ist die Natur

> Das war endlich mal ein strahlend schöner Frühlingstag über fast ganz Deutschland, kaum eine Wolke am Himmel – und doch hat uns die Natur heute gezeigt, wer auf unserem Planeten der Herr im Hause ist – nämlich sie.

Also sprach Klaus Kleber im heute-Journal am Freitag, 16. April 2010, einen Tag nach dem Ausbruch des Eyjafjallajökull auf Island.

Er kniff dabei das linke Auge zu. Ob er einen Scherz darüber machen wollte, dass Mutter Natur, gar nicht ladylike, mal so richtig furchtbar Gewalt ausübte, wie es eigentlich nur dem Herrn im Hause zukommt? Dabei – furchtbar hat sie eigentlich nicht gehandelt, noch ist niemand gestorben. Da schwebt nur diese Wolke über ganz Europa, mit bloßem Auge nicht erkennbar, und beschert uns wunderbare Stille, sonniges Wetter und bildschöne Sonnenuntergänge (heißt es, ich habe noch keinen gesehen).

Ob die Natur weiblich ist, wissen wir nicht. Aber der Kleber-Ausspruch macht uns wieder deutlich, dass uns weibliche Bilder und Vergleiche für absolute Macht fehlen.

In meinen Seminaren versuche ich diesem Mangel abzuhelfen und übe bspw. mit den Teilnehmerinnen, neue Bilder und Begriffe für die Vagina und die Vulva zu finden. Zur Einstimmung lesen wir aus Eve Enslers starken *Vagina-Monologen* vor. Trotzdem kommen die Frauen immer wieder mit ihren sanften Blumenbildern à la Rose, Blüte, Knospe etc.

Wenn ich dann vorschlage, statt *Vulva/Vagina* doch lieber *Vulkan* (aber bitte ***die** Vulkan*) zu sagen, ist frau erstaunt, ja fast erschreckt. Die Verbindung von Weiblichkeit mit Vulkanausbrüchen ist uns fremd.

Aber schließlich kommen doch aus diesem Schlund nicht nur gewaltige Lavaströme, sondern kommt überhaupt Gewaltiges hervor. Courbet sah in der Vulva zu Recht den »Ursprung der Welt«, wie er sein Gemälde nannte. Sogar der »Herr der Schöpfung« flutscht daraus hervor.

Ich schließe meine Betrachtung über Naturgewalten mit einem weiteren Beispiel für krude Vermännlichung weiblicher Größe und Übermacht. »Mount Everest eine Frau« – so betitelte ein befreundeter Psychotherapeut und Feminist seine Email an mich:

Mehr durch Zufall und weil ich mich für die Geschichte der Alpinistik ein wenig interessiere, stöberte ich im Netz über den höchsten Berg der Welt, den Mount Everest (8842 m). Ich wollte wissen, wie er zu seinem heutigen Namen kam usw.
Überall auf der Welt haben die verschiedenen Kulturen auf den Bergen um sie herum den Sitz ihrer Götter (!) vermutet, sie gleichsam dort oben hingesetzt, damit sie auf die Erdenbewohner besser aufpassen sollten und auch, um von da oben den Kontakt zwischen Erde und Himmel herzustellen, zu pflegen etc. Wir könnten nun, um das gute alte männerschematische Denkmuster wissend, annehmen, dass die höchsten Berge der Welt so zum Sitz und Zuhause der mächtigsten und großartigsten Göttern geworden seien. Aber gefehlt!
Zu meiner Überraschung nämlich teilen nach alter tibetanischer Überzeugung fünf Frauen diese höchsten Gipfel als Paläste unter sich auf, die »Feen des langen Lebens«. Der ursprüngliche Name des Mt. Everest z. B. ist in tibetischer Sprache »Chomo Lungma«, was so viel wie »Mutter des Universums« bedeutet oder einen ähnlich gewichtigen Sinn hat. Das könnte Dich doch sicher freuen, hab ich mir gedacht.

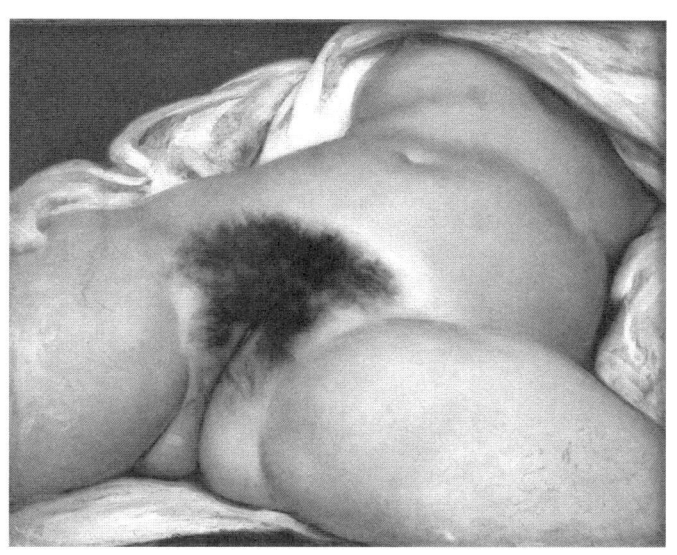

© *lifetec73 – Fotolia.com*

Der Geodät Sir George Everest hatte um die Mitte des 19. Jh. für die englische Krone Landvermessung in der indischen Kolonie betrieben und 1848 auch diesen Berg vermessen. Nach seinem Tod benannten die neuen Landesherren (!) den bisherigen Sitz einer Göttin im Jahre 1865 schlicht nach diesem sicher ehrenwerten Mann.

All das ist nachzulesen in Wikipedia unter »Everest«, und über die Gipfelfeen in http://www.emmet.de, heilige Berge.

Danke, Wolfgang – und Dank auch an Susanne Bauer für den Hinweis auf den Kleber-Spruch.

April 2010

Die Oblate und der Oblate

Noch fast drei Monate sind es bis Weihnachten, doch in den Supermärkten sind die Regale schon voll mit Dominosteinen, Marzipankartoffeln und Nürnberger Lebkuchen (die leckeren mit den Oblaten untendrunter). An die musste ich heute denken, als in einer Sendung über Benedikt von Nursia eine Frau von ihrem Leben als »Benediktiner-Oblatin« erzählte. Sie sei verheiratet und habe fünf Kinder, lebe aber nach der Ordensregel des heiligen Benedikt. Gerne wäre sie ins Koster gegangen, aber sie wäre ja nun mal verheiratet. Lachend fügte sie hinzu, irgendjemand hätte mal zu ihr gesagt: »Wenn Sie in einen besonders strengen Orden eintreten wollen, müssen Sie heiraten.«

Wohl wahr. Ob Kloster oder Ehe, die Regeln wurden von Männern aufgestellt.

Das Wort »Oblatin« machte mich neugierig. Ich kannte bis dahin nur »die Oblate« von den Lebkuchen und als jenes geschmackfreie Gebäck, das der Priester oder die Pfarrerin den Gläubigen beim Abendmahl auf die Zunge legt.

Nach katholischem und lutherischem Glauben verwandelt sich die Oblate durch das Sakrament in den Leib Christi, nach protestantisch-reformiertem Glauben symbolisiert sie den Leib Christi bloß. Wie auch immer, das Gebäck ist nicht ohne und löst bis heute heftigste Kirchenkrisen aus.

Da kann also eine schlichte Oblate, ein Gebäck, noch dazu ein feminines, sich in den Leib Christi verwandeln. Aber eine Frau kann nicht »Stellvertreter Christi« sein, das können nach katholischer Auffassung nur Männer. Offenbar ist dieses Denken vom Wurm angefressen, und was der Wurm symbolisiert, wissen wir ja.

Um mehr über die Oblatin herauszufinden, recherchierte ich im Internet und fand neben »die Oblate« (Gebäck) noch »der Oblate« und »die Oblatin«:

Benediktineroblaten gehen diesen Weg der Nachfolge in bewusster Bindung an ein Benediktinerkloster und lassen sich dabei von der Benediktregel führen und prägen.

Lassen wir die Oblaten der Benediktregel folgen und kümmern uns um die Frage, weshalb das Gebäck »die Oblate« heißt, die Light-BenediktinerInnen hingegen »der Oblate« und »die Oblatin«.

Alle drei – »die Oblate«, »der Oblate« und »die Oblatin« – kommen von derselben Wurzel, dem lateinischen »offerre« *darbieten, offerieren* (*offerre, obtuli, oblatum* – so die Formen des unregelmäßigen Verbs).

Quelle des Wortes »die Oblate« ist »oblata (hostia)« *als Opfer dargebrachtes Abendmahlsbrot*. Die Benediktineroblatinnen und -oblaten bringen quasi sich selbst als Opfer dar.

Die Nähe der menschlichen Oblaten zu den Gebäck-Oblaten kommt vor allem in dem *-e* am Ende zum Ausdruck. Denn ein »Prälat« z. B. denkt nicht daran, sich »Prälate« zu nennen. Und eine Prälatin ist erst recht nicht in Sicht.

Am besten stellen wir unsere eigenen Regeln auf: Wie wär's mit diesen:

Mag sich die Oblate dem Lebkuchen unterordnen.

Ansonsten aber gilt: Lieber Salate als Oblate.

Und das Wort »Oblatin« wollen wir mal überhört haben.

Oktober 2010

Kleiner Mann

Zum ersten Advent gab es ein Familientreffen bei meinen Geschwistern in Gütersloh. Außer Joey und mir waren die beiden Töchter meiner Schwester angereist, die eine aus München mit ihrer Tochter Lisa, 12 Jahre, die andere aus Lübeck mit ihrem Sohn Jonathan, 15 Monate. Zuletzt gesehen hatte ich ihn vor über einem halben Jahr; inzwischen toddelte er schon mutig durch die Gegend, setzte sich zwischendurch auf den Hosenboden, rappelte sich hoch und toddelte weiter, breitbeinig und mit seitlich ausgestreckten Armen wegen der Balance.

Ich ertappte mich dabei, dass ich ihn öfter mit »Na, kleiner Mann?« ansprach, worauf er mich anstrahlte und weitertoddelte.

Wieder zu Hause, machte ich mir Gedanken über diese merkwürdige Anrede, die mir mehrfach rausgerutscht war. Hatte ich nicht in meiner Glosse »Das Hemdchen« (online) vor einiger Zeit gemäkelt:

Ein Hemdchen macht die Frau zum Baby, zur Kind-frau. »Kindmann«? Gibt es nicht. Stattdessen haben wir den Sohnemann. »Tochterfrau?« Gibt es nicht. Die Lücken in unserem Wortschatz zeigen froh die Richtung an: Der Sohnemann soll sich schon als Hemden-matz stark fühlen wie ein Mann, das Töchterchen aber soll am besten ewig Kind bleiben und noch als erwachsene Frau im »Hemdchen« ihre »atemberaubende Schönheit« zu Markte tragen.

So weit die gängige feministische Interpretation dieser Lücke in unserem Wortschatz. Es gibt aber auch noch eine andere Sicht der Dinge.

Als Lisa noch klein war, waren wir natürlich hingerissen von ihr, und obwohl sie viel Ernst und Würde ausstrahlte, fiel es mir nicht ein, sie mit »Na, kleine Frau?« anzureden.

Inzwischen dämmert es mir, weshalb wir da diese Barriere haben. Eine Frau ist einfach etwas völlig anderes als ein noch so würdevolles kleines Mädchen, Stichwort »Echte Frauen haben Kurven«. Ein ausgewachsener, glattrasierter Mann hingegen unterscheidet sich von einem »kleinen Mann« tatsächlich nur durch die Größe, mal rein optisch-gestaltmäßig gesehen.

Mit der Anrede »kleiner Mann« habe ich also nur der Ähnlichkeit zwischen erwachsenen Männern und kleinen Jungs Rechnung getragen. Zum Verwechseln ähnlich sind sie, wie auch die Rede vom »Kind im Manne« bezeugt. Das »Kind in der Frau« ist von grundsätzlich anderer Art, es flutscht alsbald heraus, während das »Kind im Manne« verharrt.

Diese feministisch-linguistische Betrachtung hat mich wieder mit mir ausgesöhnt. Oder meinetwegen auch ausgetöchtert.

November 2010

Was ist ein Damenstudent?

Meine Freundinnen Anna und Gertrud schickten mir aus Wien einen merkwürdigen Sprachfund. Am 27. Januar findet zum 59. Mal der Wiener Korporationsball statt, zum letzten Mal in der Wiener Hofburg.

Dazu schreibt *Die Presse*, Wien:

> Seit 43 Jahren gehört der Wiener Korporationsball zum Repertoire der Wiener Hofburg: Immer am letzten Freitag im Jänner treffen sich dort vor allem schlagende Couleurstudenten, darunter etwa Mitglieder der vom DÖW [Dokumentationsarchiv des österreichischen Widerstands] als rechtsextrem eingestuften Burschenschaft Olympia, zum Tanz. Eine Veranstaltung, die sich selbst als antifaschistisch definierenden Organisationen seit jeher ein Dorn im Auge ist.

Nun tanzen die Burschenschafter bzw. schlagenden Couleurstudenten aber nicht nur miteinander, sondern es sind auch Damen zugelassen. Das entnehmen wir der Preisliste für die Eintrittskarten: Es gibt Damenkarten und Herrenkarten, die beide dasselbe kosten, nämlich 72 €. Also wozu dann die Unterscheidung in Damen- und Herrenkarten, wenn nicht einmal die schöne alte Regel gilt: »Frauen und Kinder die Hälfte«? Stellen Sie sich vor, Sie gingen ins Theater oder Konzert und bekämen dort je nach Geschlecht Damen- oder Herrenkarten!

Gibt diese Geschlechtertrennung bei den Karten schon Rätsel auf, so wird es bei den Studenten noch putziger. Da unterscheidet die Preisliste des WKR (Wiener Korporationsring) nämlich zwischen Damenstudenten auf der einen und Herrenstudenten auf der anderen Seite. Wieder zahlen beide Gruppen dasselbe, und zwar 30 €.

Von »Damenstudenten« habe ich noch nie gehört, und meine Freundinnen Anna und Gertrud auch nicht. Nicht einmal Google kennt das Wort.

Was haben wir uns unter einem Damenstudenten vorzustellen? Ein Jurastudent studiert Jura, ein Musikstudent Musik. Demnach studiert der Damenstudent Damen und der Herrenstudent Herren? Aber wir sagen doch »Frauenstudien« und nicht »Damenstudien«. Und zeitgemäß eher »Geschlechterforschung« bzw. »Gender Studies«.

Neben den Frauenstudien kennt unsere Sprache auch das »Damenstudio«, wo frau sich unbehelligt ihrer Fitness widmen kann. Trotzdem sind die Kundinnen eines Damenstudios keine »Damenstudenten«.

Oder ist es eher so wie mit der Damen- und der Herrentoilette? Die Damentoilette und der Damenstudent sind für Damen da, und auf der Herrentoilette kümmern sich Herrenstudenten um die Herren?

Vielleicht hat der WKR auch einfach nur Mühe mit dem neumodischen sprachlichen Gendern und will nur ausdrücken, dass die »Herrenstudenten« Herren sind und zugleich Studenten, und die »Damenstudenten« Damen und ebenfalls Studenten?

Diese Interpretation läge einerseits nahe, andererseits fragt frau sich, weshalb sie dann nicht einfach *Studenten* und *Studentinnen* schreiben.

Das mag mit anderen eigentümlichen Sprachgepflogenheiten der Korpsstudenten zusammenhängen. Wenn sie ausstudiert haben, heißen sie nicht etwa *Ehemalige* oder *Alumni*, sondern »Alte Herren«. Und die Korpsstudentinnen – ja, die gibt es inzwischen auch – werden nach dem Studium »Hohe Damen«. Außerhalb der schlagenden Verbindungen sind sonst eher »alte Damen« und »hohe Herren« gebräuchlich, aber die Burschenschafter mögen es offenbar andersrum lieber.

Ich nehme an, für diese »hohen Damen« und »alten Herren« sind die hochpreisigen »Damenkarten« und »Herrenkarten« gedacht. Und da sie so viel blechen müssen, haben sie wohl einen Anspruch auf ein wenig persönliche Aufmerksamkeit, gewährt von Damenstudenten und Herrenstudenten. Jede Dame bekommt einen Damenstudenten zugewiesen und jeder Herr seinen Herrenstudenten. Nur so ergibt die pingelige Zuweisung der Eintrittskarten nach dem Geschlecht einen Sinn: Damit alles seine paarweise Ordnung hat.

Es ergibt sich überdies ein Bild raffinierter Nachwuchsförderung: Die Alten zahlen mehr als das Doppelte und bekommen dafür netten Kontakt mit der schneidigen männlichen Jugend. Wie es mit dem Kontakt zur lieblich-weiblichen Jugend aussieht, bleibt einstweilen unklar.

Bekannt ist ja, dass schlagende Verbindungen Männerbünde sind. Frauen haben da sowieso nichts zu suchen. Sollen sie doch ihre eigenen Verbindungen gründen, und manche tun das auch. Aber es wird für einen »normalen« Ball wahrscheinlich kaum genügend Damen geben. Es könnte also auch so sein, dass die »Damenstudenten« *Drag Queens* sind: Studenten, die Damen darstellen. Dann wäre das sogar eine halbwegs passende Bezeichnung: Es sind tatsächlich nur Studenten da, aber die einen kommen als Herren und die andern als Damen.

Dezember 2011

Natürliche Herrenpflege

Im November hat gegenüber meiner Wohnung ein Laden der Bio-Kette *Alnatura* aufgemacht – ach was Laden: ein *Super Natur Markt*! Seitdem fällt Joey morgens vorzeitig aus dem Bett, wenn die dicken Alnatura-Brummis ihre Waren anliefern, sich in den kleinen Gässchen in die Quere kommen und unter lautem Getöse mühevoll rangieren müssen oder sonstwie den Motor nicht abgestellt bekommen. An gesunden Bioschlaf ist für alle, die in der Nähe von Alnatura wohnen, nicht mehr zu denken.

Der Name »Alnatura« klingt wie eine Kreuzung aus *Al Jazeera* und *Mutter Natur*. Schön, dachte ich zuerst, ein tapferer Integrationsversuch, Orient und Okzident traulich vereint im Biostreben. Aber der Name »Alnatura« (seit 1985) ist älter als die Namen *Al Qaida* (1993) und *Al Jazeera* (1996). Was sich der Gründer bei dem Namen gedacht hat, habe ich noch nicht rausbekommen. Ob er sich an den Erfolg von *Aldi* anhängen wollte? Joey meinte, es solle wohl klingen wie: »Alles Natur!« Auf diese naheliegende Idee wäre ich als Deutsche nie gekommen.

Obwohl das volle Bioleben nunmehr zum Greifen nahe ist, kaufe ich doch nur selten bei Alnatura ein, weil der Super Natur Markt ungesunde Löcher in mein Budget reißt. Aber eben ging ich rüber in den Laden, um noch ein wenig für diese Glosse zu recherchieren. Ich erstand dabei für meinen Salat aus Möhren, Paprika, Avocado, Reis und Forelle (alles von Aldi) eine Tikka-Masala-Soße im Glas, »mild, original indisch, hefefrei, vegetarisch, glutenfrei«. Mit der Soße schmeckte der Reis mal grade so lala. Erst nachdem ich den Soßengeschmack durch zwei Esslöffel Tzatziki von Edeka neutralisiert hatte, stellte sich Wohlgeschmack und -befinden ein. Auf meinem Salatteller sind die erbitterten Konkurrenten Aldi, Alnatura und Edeka voll integriert.

Zwar überzeugen mich die Eßwaren von Aldi und Edeka insgesamt mehr, dafür ist aber die Kosmetikabteilung von Alnatura mit ihrer eigenwilligen Ordnung der Dinge viel amüsanter: Da gibt es das Regal für Zahnpflege, daneben das Regal für Herrenpflege, und das für Haarpflege ist auch nicht weit. Ein Regal für Damenpflege gibt es nicht. Damen sind anscheinend schon gepflegt genug.

Aber da ich keine Herren pflege und für meine paar Haare und Zähne noch genug Zahnpasta und Shampoo habe, geht auch dieses Angebot des Super Natur Markts an mir vorbei …

März 2012

Altweiberknoten

Beim Ordnen meiner Bücher stieß ich auf eine Knotenfibel, die ich mir in den 90er Jahren gekauft hatte. Ich hatte damals auch ein paar Knoten gelernt, sie aber bald wieder vergessen. Nun wollte ich wenigstens denjenigen Knoten wieder einüben, mit dem ich mir lästige Kleidungsstücke an den Gürtel binden konnte, wenn es beim schnellen Gehen zu heiß wurde. Die meisten Menschen binden sich solche Teile um die Taille, indem sie die Ärmel vor dem Bauch zusammenknoten, der Rest der Jacke oder des Pullovers baumelt dann hinten bis in die Kniekehlen. Finde ich unpraktisch und meist noch immer zu warm.

Ich lernte also meinen »laufenden Palstek« aus der Klasse der Schiebeknoten und werde mir beim nächsten Powerwalk zu helfen wissen.

Das alte Buch war aber nicht sehr anschaulich, und so konsultierte ich das Internet und wurde mehr als fündig. PfadfinderInnen, KletterInnen, Feuerwehrleute und vor allem Seeleute haben für alle erdenklichen Zwecke Knoten erfunden.

Besonders schön finde ich den Kreuzknoten:

Er existiert auch in einer Variante, die »Altweiberknoten« oder »Hausfrauenknoten« genannt wird. Wikipedia meldet dazu streng:

Der Altweiberknoten, auch »Hausfrauenknoten« genannt, ist ein falsch geknüpfter Kreuzknoten.
Viele Menschen binden mit diesem Knoten ihre Schuhe und ärgern sich, dass er nicht hält und sich ständig lockert.

Es gibt viele Internet-Seiten, die den Armen, die in ihrer Kindheit von den alten Weibern und den Hausfrauen den Knoten falsch erlernt haben, den Weg zum wahren Schnürsenkelheil weisen wollen.

Wenn Sie auch bis heute an diesem Kindheitstrauma leiden, können Sie sich von ihm befreien, s. http://de.wikipedia.org/wiki/Schleife_(Knoten).

Warum der falsch geknüpfte Kreuzknoten »Altweiber-« oder »Hausfrauenknoten« heißt, erfahre ich von Wikipedia nicht und auch sonst nirgendwo. Es versteht sich wohl von selbst. Blöde alte Weiber oder Hausfrauen schaffen es noch nicht mal, einen Knoten richtig zu binden, und so geschieht es ihnen nur recht, dass mann das traurige Resultat ihrer Unfähigkeit nach ihnen benennt. Auf Englisch heißt der Altweiberknoten »granny knot« und auf Französisch »nœud de vache« (Kuhknoten).

Die mit weitem Abstand kompliziertesten Knoten sind die sogenannten Zierknoten, die zum Beispiel im Makramee Verwendung finden. Hier hantiert nicht der starke Seemann mit dicken Seilen, sondern die Frau widmet sich ihrer traditionellen Aufgabe, der Verfertigung von Kleidung und anderen Textilien. Sie knüpft oder webt Teppiche und Stoffe. Ließe frau den Mann auf diese Gebiete los, würde der Knöterich vermutlich nicht mal Altmännerknoten zuwege bringen, sondern sich in den feinen Fäden total verheddern.

Aber nicht nur auf diesem Knotengebiet sind wir Expertinnen. Bekanntlich gibt es da auch noch die Knoten in der Brust, gutartige und bösartige.

Als ich gestern mit Joey über das Thema Knoten sprach, rückte sie plötzlich mit folgendem Spruch heraus: »Zwei Knoten wohnen, ach, in meiner Brust – ein Altweiberknoten und ein Hausfrauenknoten!« (Sie ist Germanistin und Literaturwissenschaftlerin.)

Wir konnten uns vor Lachen nicht wieder einkriegen. Erst später ging mir der tiefere Sinn dieses rabenschwarzen Scherzes auf: Altweiberknoten, Hausfrauenknoten sind wie ihre Namensgeberinnen: harmlos und gutartig. Sie funktionieren nicht? Umso besser.

Juni 2012

Die Entjunkerung

Heute früh, ich lag noch im Halbschlaf, fiel mir Martin Luther ein. Wegen seiner Bibelübersetzung. Wir hatten nämlich vor ein paar Tagen mal wieder den »Letter to Dr. Laura [Schlessinger]« zugeschickt bekommen, der seit dem Jahr 2000 im Internet kursiert. Darin stellt ein »Fan« der homophobischen Laura Schlessinger, die wie viele ihresgleichen mit der Bibel argumentiert, eine Reihe interessanter Fragen, ebenfalls gestützt auf die Bibel. Zum Beispiel möchte er, im Einklang mit der Bibel (2. Mose 21,7), eine Tochter als Sklavin verkaufen und fragt, was heutzutage wohl ein angemessener Preis für sie wäre, undsoweiter. Im »Brief an Dr. Laura« wird Homophobie, die sich auf die Bibel beruft, höchst vergnüglich ad absurdum geführt. Viel Spaß damit: http://www.snopes.com/politics/religion/drlaura.asp

Was fällt einer Deutschen beim Stichwort Bibel ein? Luthers Bibelübersetzung. Luther übersetzte die Bibel auf der Wartburg, wo er sich vor seinen Feinden versteckte. Er lebte und arbeitete dort incognito unter einem Decknamen. Wie war doch gleich sein Deckname, dachte ich im Halbschlaf vor mich hin. Mir fiel nur »Jungfer Jörg« ein – aber das konnte ja wohl nicht stimmen. Ach ja – »Junker Jörg« nannte er sich.

   Junker geht zurück auf *Jungherr* und ist heute ähnlich veraltet wie *Jungfer*.

Aber noch immer lebendig, wenngleich überflüssig, sind die Wörter »entjungfern«, »Entjungferung«, »Jungfernhäutchen« und »alte Jungfer«. Sie alle gehören eigentlich abgeschafft. Solange sie aber noch herumgeistern, brauchen sie männliche Pendants – und die habe ich heute früh im Halbschlaf gefunden.

Manchmal ist wegen dieser Lücke in unserem Wortschatz die Rede von einer »männlichen Jungfrau« – wäre da nicht *Junker* das passendere Wort? Und solange Frauen noch »entjungfert« werden können, brauchen wir auch das Pendant »entjunkern«: Ein Mann bzw. Junker wird entjunkert, wenn er das erste Mal Geschlechtsverkehr hat. Entjunkerungen sind – logischerweise – genauso häufig wie Entjungferungen. Aber bisher gab es kein Wort für sie, und das liegt an unserer patriarchalen Kultur. Dass eine Frau – in der Regel werden Junker ja durch Frauen entjunkert – am Status eines Mannes irgendetwas bewirken könnte, ist in dieser Kultur undenkbar und wird entsprechend behandelt: Es kommt gar nicht erst zur Sprache, und damit existiert es nicht.

Ob wir neben der »alten Jungfer« auch den »alten Junker« brauchen? Ich bin eher für die endgültige Abschaffung der »alten Jungfer«, aber für historische Romane und zu Verteidigungszwecken sollten wir den Begriff parat haben.

Früher oblag die Entjunkerung in der Regel dem weiblichen Dienstpersonal und den Prostituierten. Sie sollten die Junker »in die Geheimnisse der körperlichen Liebe einführen«. Natürlich konnte von Liebe keine Rede sein, gemeint war Sexualität.

Der Status »Jungfrau« war im Westen früher von ungeheurer Bedeutung, in vielen nichtwestlichen Gesellschaften ist er es bis heute. Die Frau soll »jungfräulich« in die Ehe gehen. Will sagen, der Ehemann soll sichergehen können, dass er der Erstbenutzer seiner Braut ist.

Das Patriarchat unternimmt unglaubliche Anstrengungen, um diese Doppelmoral aufrechtzuerhalten. Nicht mehr intakte »Jungfernhäutchen« werden von Spezialisten aufwendig wieder repariert oder eingenäht, damit der Eheherr sie wieder durchstoßen kann. Mann geht nicht selten über Leichen, vgl. die sogenannten »Ehrenmorde«, die eigentlich »Schwesternmorde« heißen sollten.

Schon um die Waage zu unseren Gunsten ein wenig ins Gleichgewicht zu bringen, sollten wir bei jedem Vorkommen des Wortes »Entjungferung« die Pendants »Junker« und »Entjunkerung« ins Gespräch bringen und zur Not darauf bestehen, dass der Mann »junkerlich« in die Ehe zu gehen hat.

Die Frage, ob »Junker Jörg« wirklich noch ein Junker war und vier Jahre später von seiner Ehefrau entjunkert wurde, ließ sich bisher nicht klären. Da er bis 1524, ein Jahr vor der Eheschließung, Mönch war, ist das aber nicht unwahrscheinlich. Wenn ja, heiratete die 26-jährige Jungfer Katharina von Bora einen mit 41 Jahren schon fast uralten Junker. Dass die Entjunkerung trotzdem erfolgreich war, bezeugt die große Kinderschar des Ehepaars Luther.

August 2012

Kunst, Musik und Literatur

Goethe und sein lesbisches Veilchen

Letzte Woche unterhielt ich mich mit Berit und Angelika über Pascals *Pensées*, die ich gerade lese. In der handlichen Reclam-Ausgabe passen sie gut in jede Hand- und sogar Jackentasche und sind so immer zur Hand, ob in der Warteschlange, im Zug oder im Wartezimmer. Da sie ein relativ ungeordneter Haufen kurzer Gedanken sind, kann frau überall einsteigen und sich en passant geniale Einsichten zu Gemüte führen.

»*Pensées* heißen im Französischen auch die Stiefmütterchen«, erzählte Angelika, ihrerzeit Französischlehrerin. »Oh«, sagte ich, »daher kommt dann wohl das englische *pansy* ›Stiefmütterchen‹, das wusste ich gar nicht.«

Über den lateinischen Namen des Stiefmütterchens, »Viola Tricolor«, landeten wir bei Storm und schließlich bei Goethes Veilchen, bestrickend vertont von Mozart. Über diese kühne Eingebung Goethes, das lesbische Veilchen und seinen Liebeswahn, wollte ich doch schon immer mal eine Glosse schreiben:

> Ein Veilchen auf der Wiese stand,
> Gebückt in sich und unbekannt;
> Es war ein herzig's Veilchen.
> Da kam eine junge Schäferin
> Mit leichtem Schritt und munterm Sinn
> Daher, daher,
> Die Wiese her, und sang.

Ach! denkt das Veilchen, wär' ich nur
Die schönste Blume der Natur,
Ach, nur ein kleines Weilchen,
Bis mich das Liebchen abgepflückt
Und an dem Busen matt gedrückt!
Ach nur, ach nur
Ein Viertelstündchen lang!

Ach! aber ach! das Mädchen kam
Und nicht in Acht das Veilchen nahm,
Ertrat das arme Veilchen.
Es sank und starb und freut' sich noch:
Und sterb' ich denn, so sterb' ich doch
Durch sie, durch sie,
Zu ihren Füßen doch!

[Und der weichherzige Mozart fügte noch hinzu:]

Das arme Veilchen! Es war ein herzig's Vei-eilchen.

Hans Schill, Lehrer für Literatur- und Kulturkunde, schreibt über Goethes *Veilchen* im *Pegasus* 92 von 2008/9:

Ein traditionelles Frauenschicksal in eine Blumenmetapher gekleidet, ein Frauenschicksal also, wie man es in der Literatur zuhauf findet? Ein Frauenschicksal, wie es jahrhundertelang Realität war, einmal mehr literarisch verbrämt und überhöht? Mitnichten! Der Clou dieser Ballade ist natürlich, dass das Veilchen ein Mann ist – schließlich ist es »eine junge Schäferin«, die mit »leichtem Schritt und munterm Sinn« daherkommt und vom Veilchen als »Liebchen« benannt wird, der »Busen« hat hier also eindeutig weibliche Qualität. Goethe stellt sämtliche Erwartungen auf den Kopf: Nicht nur, dass hinter Blümchenmetaphorik Begehren und Tod lauern, auch das übliche Geschlechterverhältnis ist ins Gegenteil verkehrt. (Siehe: http://www.nja. ch/images/Veilchen.pdf.)

Natürlich sahen wir das völlig anders. Der schönen Erkenntnis, dass »der Busen eindeutig weibliche Qualität hat«, stimmten wir fräudig zu, aber dass ausgerechnet das »herzige Veilchen« ein Mann sein soll, nur weil es die junge Schäferin anhimmelt, ist doch wohl mehr als verschroben.

Hier nun die korrekte Interpretation des Gedichts, abgesegnet von drei Lehrer*innen*, Berit, Angelika und mir (interessante Gedanken hatte nicht nur Pascal): Das Veilchen ist ein Mädchen, das für die junge Schäferin schwärmt und von ihr abgepflückt werden möchte, damit es an ihrem Busen ruhen und matt gedrückt, um nicht zu sagen plattgedrückt werden kann – eine todessüchtige, rührende und ziemlich pubertäre Vorstellung. Zwar glaubt es durch den »Tritt« (die Nichtbeachtung) der Schäferin zu sterben, aber davon wird es sich erholen, schließlich ging diese »mit leichtem Schritt«. Richtig tödlich wäre es geworden, wenn die Schäferin den schwärmerischen Wunsch des Veilchens erfüllt und es abgepflückt hätte – wie einst der wilde Knabe das arme Heideröslein.

Lehrer Schill aber macht lieber ein Veilchen zum Manne, als die Liebe eines Mädchens zu einer Frau oder einem Mädchen (»das Mädchen kam«) in Betracht zu ziehen. Dabei kommt sie doch an Schulen dauernd vor: Schülerinnen schwärmen für ihre Lehrerinnen und Mitschülerinnen und würden nur zu gerne »an ihrem Busen matt gedrückt«. Wir drei Lehrerinnen und ehemaligen Schülerinnen können ein Lied davon singen!

Bei Lehrer Schill haben solche Mädchen keine Chance zu einer Spiegelung ihrer Gefühle durch unseren Dichterfürsten und im Unterrichtsgespräch. Er bleibt lieber bei seinem heteronormativen Modell, das doch an unseren Schulen nun allmählich genug Schaden angerichtet hat.

Wir hoffen, ihm mit Goethes Hilfe einen möglichen Ausweg aus der schulischen und sonstigen Misere aufgezeigt zu haben.

April 2010

Gute Menschen und hinterhältige Personen

Es ist schon eine Weile her, da fiel mein Blick auf ein kleines Buch in Joeys Regal. *The Good Woman of Setzuan, by Bertolt Brecht*, las ich und war platt. Selbstverständlich hatte ich mir unter der Titelfigur von *Der gute Mensch von Sezuan* immer einen Mann vorgestellt, und da ich das Buch nie gelesen und das Stück nie gesehen hatte, wurde mir mein Fehler auch nie bewusst.

Das Stück variiert die alte Geschichte von Sodom und Gomorrha: Die beiden Städte sind so verdorben, dass Gott sie vom Erdboden tilgen will, es sei denn, es finden sich 50 Gerechte. Er lässt sich von Abraham herunterhandeln auf 10 Gerechte, aber auch die finden sich natürlich nicht. Nur einer, Lot, wird schließlich als gerecht befunden, weil er den Engeln in Tarnkleidung, die als Gutmenschtester angereist sind, Obdach gewährt.

Frauen haben bei dieser Aufgabenstellung keine Chance, sich als »gerecht« zu erweisen, denn sie sind nicht die Hausherren und können somit fremden Männern nicht einfach so Obdach gewähren.

Aber da sie zur Familie gehören, sollen auch Lots Frau und seine Töchter errettet werden. Zuvor hat aber Lot, der Gerechte, seine Töchter einer Horde Brutalos, die vor seinem Haus herumpöbeln, zur Besänftigung angeboten:

> Ach liebe Brüder, tut nicht so übel. Siehe, ich habe zwei Töchter, die haben noch keinen Mann erkannt. Die will ich herausgeben unter euch, und tut mit ihnen, was euch gefällt; allein diesen Männern tut nichts, denn darum sind sie unter den Schatten meines Daches eingegangen. (1. Mose 19,7 f.).

Klare Sache: Eine Religion mit derartig guten Menschen ist nichts für Frauen.

Auch in Brechts Stück *Der gute Mensch von Sezuan* sind drei Männer (Götter in Verkleidung) unterwegs, »um in einer von Egoismus geprägten Gesellschaft gute Menschen zu finden, was sich als unmöglich erweist«, wie ich aus Wikipedia entnehme (ich habe das Werk immer noch nicht gelesen). Niemand will ihnen Unterschlupf gewähren, bis sich schließlich die arme Prostituierte Shen Te erbarmt und ihnen ein Nachtquartier bietet, wofür sie reich belohnt wird.

Wir lernen aus diesen beiden Geschichten, dass Frauen bei der Suche nach guten und gerechten Menschen eigentlich nicht ins Blickfeld rücken, nicht vorgesehen sind, dass sie aber manchmal – Überraschung! – doch das Rennen machen und sich als einzig verbleibende Würdige erweisen. Diese Überraschung verpufft in der englischen Fassung *The Good Woman of Setzuan*, weil sie gleich im Titel schon preisgegeben wird – werden muss, denn *The Good Man of Setzuan* schließt die Lesart »Frau« gänzlich aus, dabei haben wir doch im Englischunterricht gelernt, »man« bedeute »Mensch«.

Die Männersprache stellt sich halt manchmal auch Männern in den Weg und erzwingt faule Kompromisse.

Zum Beispiel lässt sich der einfache deutsche Satz »Sie ist ein netter Mensch« nicht ohne weiteres ins Englische übersetzen: »She is a nice man« geht nicht; es muss stattdessen heißen: »She is a nice person.«

Es ist interessant zu untersuchen, wann wir von »Menschen« und wann von »Personen« sprechen. Personen sind diejenigen Einheiten, die je nach Gewicht und Ausdehnung in Räume und technische Geräte passen, z. B. fasst ein Theater bis zu 500 Personen, ein Fahrstuhl 6 Personen und ein Personenkraftwagen 4-5 Personen; auf die Personenwaage passt genau eine Person.

Auch wenn es nur um die Anzahl von Menschen geht oder um Rollen, reden wir von Personen: Ein Fünf-Personen-Haushalt und ein Drei-Personen-Stück.

»Eine schreckliche Person ist das!«, hören wir oder »So eine unverschämte, hinterhältige Person!«. Noch wissen wir ihr Geschlecht nicht hundertprozentig, aber fast immer ist eine Frau gemeint.

»Menschen« sind etwas Besseres als »Personen«, bei ihnen geht es mehr um das rein Menschliche als um Anzahl, Ausdehnung oder Gewicht. Deshalb gibt es zwar »gute Menschen« aber kaum »gute Personen«.

»Bei dem Flugzeugunglück kamen 120 Menschen ums Leben«, »das Erdbeben forderte über tausend Menschenleben«. Personenleben? Gibt es gar nicht. »Human« ist der Mensch, »a human being«. Die Menschen in Pakistan brauchen dringend »humanitäre« Hilfe. »Die Personen in Pakistan« – das klänge (merkwürdigerweise) so unpersönlich, dass die Hilfsbereitschaft der Menschen vielleicht noch geringer wäre.

Und da »Mensch« eine so viel würdigere Bezeichnung ist als »Person«, ist es auch kein Wunder, dass wir bei »Der gute Mensch von Sezuan« an einen Mann denken und bei »Was für eine hinterhältige Person!« an eine Frau.

August 2010

Hilde Domin und ihr Bremsklotz

In der letzten Woche habe ich Marion Tauschwitz' Hilde-Domin-Biographie gelesen, die den vielsagenden Untertitel trägt: »Dass ich sein kann, wie ich bin«.

Das Buch ist inkl. Anhang über 600 Seiten stark – dass ich es trotzdem fast in einem Zug durchlas, liegt einerseits an der Kunst der Biographin, andererseits an dem aufwühlenden Stoff: dem »Jahrhundertleben« der Hilde Domin von 1909 bis 2006. Die Langlebigkeit war auch nötig, möchte frau – nur scheinbar unsinnigerweise – hinzufügen, denn Domin wurde von ihrem tyrannischen Gatten, dem Kunsthistoriker und verhinderten Dichter Erwin Walter Palm, dermaßen ausgebeutet und aktiv behindert, dass sie ihren ersten Gedichtband erst 1959, mit 50 Jahren, veröffentlichen konnte. In dem Alter (falls sie es denn erreichten) hatten andere große deutsche Dichterinnen – Bachmann, Droste, Kolmar – ihr Lebenswerk bereits vollbracht. Sie hatten nicht geheiratet.

Domins Verleger fand, es sei marketingtechnisch ungünstig, ein Erstlingswerk als Fünfzigjährige herauszubringen, deshalb machte mann die Dichterin kurzerhand drei Jahre jünger. Sie wurde dann ja allmählich doch noch berühmt und im Alter immer berühmter, so dass die gewaltigen Ehrungen zu ihren runden Geburtstagen immer einer Frau galten, die in Wirklichkeit schon drei Jahre älter war. Der Irrtum wurde erst zu ihrem 90. Geburtstag aufgeklärt.

Was die Lektüre der Tauschwitz-Biographie so faszinierend, aber auch schwer erträglich macht, ist die Geschichte der 56-jährigen Ehe zwischen Hilde Domin und Erwin Walter Palm, der der Meinung war, seine Ehefrau habe nicht zu dichten, sondern ihm zu dienen, nicht nur als Bettgefährtin und Haushälterin, sondern auch als wissenschaftliche Assistentin und Agentin. Zeit seines Lebens setzte sie sich für ihn ein, aber als sie einmal ihn brauchte, nach dem Tod ihrer geliebten Mutter, blieb er lieber auf Reisen. In der Situation, als Jüdin im Exil, vom Mann im Stich gelassen, entdeckte sie endlich ihre wahre Heimat, das Wort.

Als Erwin Walter Palm ihre Gedichte erstmals sah, war er klug genug, deren Rang zu erkennen, auch zu erkennen, dass seine Frau ihm überlegen war – und dafür musste sie bestraft werden.

Der erbitterte Kampf darum, wer in dieser Ehe schöpferisch tätig und erfolgreich sein durfte und wer zu dienen hatte, prägte die Zeit von 1950 bis zu Palms Tod 1988:

> Erwin Walter Palm ertrug es nicht, dass seine Frau Gedichte schrieb – »als ob die Katze auf einmal Eier legte.« Wollte sie schreiben, so sollte sie das in einer »Menstruationshütte« tun; ihr Wunsch zu schreiben, galt ihm als »unrein«, die Dichtkunst sollte Männerdomäne bleiben. (S. 221)

Die Frage, warum Hilde Domin sich das alles und obendrein die zahlreichen Seitensprünge und Bordellbesuche ihres Gatten bieten ließ, beschäftigt die Leserin beständig, wird aber nicht zufriedenstellend beantwortet. Vielleicht kann sie nicht beantwortet werden. Oft genug wollte Erwin Walter Palm aus der Ehe aussteigen, oft genug blieb er monatelang auf sogenannten Forschungsreisen. Aber Hilde Domin ließ ihn nicht los; sie klammerte. Einmal heißt es: »›Erwin ist einer der zehn gebildetsten Menschen auf der Welt‹, pflegte Hilde Domin zu sagen, ›das Leben mit ihm war nie langweilig.‹ Und das schätzte sie.« Ein andermal erfahren wir:

> Die Schlüsselerkenntnis hatte sie bereits 1952 formuliert – und sie schien weiterhin Bestand zu haben: »Die Crux besteht darin, zum Teil, dass wir aus dem

Quälen und Gequältwerden Gefühle beziehen, die zwar terribel, aber erotisch ergiebig sind. Die Angst, die wir voreinander haben, ist eine wahre Plage, aber irgendwo deliziös.« (S. 408)

Hilde Palms Pseudonym *Domin* wird meist auf ihr Exilland, die Dominikanische Republik, und deren Hauptstadt Santo Domingo zurückgeführt. Tauschwitz vermutet überdies eine Anspielung an den Schauspieler Friedrich Domin, den Hilde Domin in München, wo sie längere Zeit lebte, kennengelernt haben dürfte. Nicht erwähnt wird die in die Augen springende Identität mit dem lateinischen Wortstamm *domin-*, wie in *domina*, *dominus* und *dominare* (dominieren).

»Pauvre petit [armer Kleiner]«, so beginnt eine der erschütterndsten Notizen Hilde Domins an ihren Mann,

bitte, bitte: Die Frage ist doch verkehrt. Es gibt doch keine Wahl zwischen meinem Werk und Dir. Mein Werk, alles was ich tun muss, das bin doch ich. Du sagst doch auch nicht: ›Komm zum Frühstück ohne Arme. Entscheide Dich zwischen mir und Deinen Armen.‹ Du weißt doch, dass dies so ist. Sei nicht traurig, es gibt ja keine Wahl. Jeder ist, der er ist. Ein Dichter zu sein ist nichts Schlechtes. Du weißt es doch. H. (S. 375 f.)

Er wird ihr zugestimmt haben, dass ein Dichter zu sein nichts Schlechtes ist. Aber sie ist eine Dichter*in*! Als sie einmal Lust äußert, ein Theaterstück zu schreiben, sagt er: »Dann werf ich dich endgültig raus.« Sie hat keins geschrieben.

Die Unterwürfige mag sich unterwerfen, so viel sie will, sie ist die Stärkere, sie *domin*iert trotzdem, nicht nur ihren schwächlichen Tyrannen, sondern am Ende sogar die extrem frauenfeindliche, intrigante bundesdeutsche Literaturszene.

Es sollte einmal eine Geschichte der Ehefrauen im Exil geschrieben werden, die ihre Männer, monströse Bremsklötze, durchfütterten, ja buchstäblich am Leben erhielten und dafür ihre eigenen Projekte aufgaben oder hintanstellten. Sie nahmen jegliche Art von Arbeit an, um dem Göttergatten seine intellektuelle Arbeit weiter zu ermöglichen, da er sich für alles andere zu schade war. Für Erwin Walter Palm waren sogar Umzugsarbeiten unter seiner Würde. Er zog jeweils ins Hotel, bis seine zierliche Frau alles zu seiner Zufriedenheit erledigt hatte!

In so einer Sammlung über Frauen im Exil, die den Laden schmissen, und ihre Männer, die einfach nur schmissen, dürften z. B. die Gatten von Katia Mann, Mascha Kaleko, Helene Weigel und Karola Bloch nicht fehlen. Aber die Palme hat sich eindeutig Erwin Walter Palm verdient.

April 2011

Der Büchnerpreis der Deutschen Akademie für Männersprache und Männerdichtung

Schreiben Männer hierzulande wirklich neunmal besser als Frauen? In England samt ehemaligen Kolonien schreiben sie anscheinend nur doppelt so gut wie Frauen: Sie bekamen seit 1969 »nur« doppelt so häufig den Man Booker Preis (15:30). In den USA schreiben Männer seit Bestehen des Pulitzerpreises für Fiction (1948) nur knapp zweieinhalbmal besser als Frauen (17:41). In Frankreich seit Bestehen des Prix Goncourt (1903) dafür sogar elfmal besser (9:99). Ob das an der Gleichsetzung von »égalité« mit »fraternité« liegt? Wie auch immer, Französinnen haben es in Sachen männlicher Anmaßung nicht nur mit DSK zu tun.

Dieser Tage lasen wir in der Presse, dass der Büchnerpreis – wichtigster Preis für deutschsprachige Literatur – an F. C. Delius geht. Freut mich für ihn, ich mag ihn schon seines Namens wegen, war meine ehrwürdige Urgroßmutter doch eine Delius aus Bielefeld. Aber eigentlich war ja Ilse Aichinger endlich mal dran, schließlich wird sie im November 90, allzu viel Zeit bleibt da nicht mehr. Ihr Mann, Günter Eich, bekam den Preis schon vor 52 Jahren, 1959, mit 52 Jahren. Also nun mal los, meine Herren, worauf warten Sie denn noch? Delius ist erst 68, er schätzt Aichingers Werk und hätte ihr bestimmt gern den Vortritt gelassen.

Die Deutsche Akademie für Sprache und Dichtung in Darmstadt, die den Preis jährlich vergibt, lässt in den Jurys kaum mal eine Frau zu und hat infolgedessen in den vergangenen 60 Jahren kaum mal eine Frau ausgezeichnet. Nur sieben an der Zahl fand sie des Büchnerpreises würdig:

1955 Marie Luise Kaschnitz mit 54

folgen 9 Jahre Männerpreise

1964 Ingeborg Bachmann mit 38

folgen 16 Jahre Männerpreise

1980 Christa Wolf mit 51

folgen 16 Jahre Männerpreise

Mitte der 90er Jahre scheint die Frauenbewegung auch in der Darmstädter Akademie angekommen zu sein (ähnlich wie seit 1991 in der Stockholmer Nobel-Akademie, die zwischen 1991 und 2009 genau so viele Frauen auszeichnete wie in den 90 Jahren davor, nämlich sechs, macht zusammen zwölf). 1996 erhält Sarah

Kirsch den Büchnerpreis mit 61 Jahren, und von da an werden die Pausen kürzer:

1998 Elfriede Jelinek mit 52
2001 Friederike Mayröcker mit 77; ihr Gefährte Ernst Jandl bekam den Preis schon 17 Jahre vor ihr mit 59 Jahren.
2005 Brigitte Kronauer mit 65.

Aber nun scheint es nach dem kurzen Frauenfrühling schon wieder männlich-herbstlich zu werden. Seit 2005 kein einziger Büchnerpreis mehr für eine Frau, nicht mal an Nobelpreisträgerin Herta Müller! Böswillig verpasst hat die Akademie auch Hilde Domin; sie starb 2006 mit 96 Jahren, da wäre vorher ja wohl genug Zeit gewesen.

Die beiden neben Kafka berühmtesten deutschsprachigen Schriftsteller, Thomas Mann und Bert Brecht, bekamen den Büchnerpreis nicht. Sie starben vielleicht zu früh; die »geistige Führungsschicht« Deutschlands schmollte in den 50er Jahren noch gegen die Emigranten. Aber die drei männlichen deutschsprachigen Nachkriegs-Nobelpreisträger für Literatur, Böll, Canetti und Grass, sind selbstverständlich auch Büchnerpreisträger. Von den drei Nobelpreisträger*innen*, Nelly Sachs, Elfriede Jelinek und Herta Müller, bekam nur Jelinek den Büchnerpreis.

Drewitz und (unverzeihlich!) Haushofer haben sie verpasst, desgleichen Fleißer und Reinig. Das ist nicht schön von ihnen. Sie könnten einen Teil der Schande abwaschen, indem sie Ilse Aichinger und Gabriele Wohmann ehren, solange sie noch unter uns sind. Wohmann wird nächstes Jahr 80 und hätte den Preis längst bekommen müssen. Gebürtige Darmstädterin, Mitglied der Akademie und wohnhaft in Darmstadt, muss sie Jahr um Jahr erdulden, dass der Preis vor ihren Augen an andere verliehen wird. Frau darf gespannt sein und sollte die Akademie schon mal vorsorglich mit Pro-Wohmann- und Pro-Aichinger-Emails eindecken, mit Spruchbändern vor der Akademie aufmarschieren und in Sprechchören skandieren: »Wir wollen Aichinger, wir wollen Wohmann, wir wollen Frauen!«

Der Büchnerpreis ist die Eintrittskarte für ein besseres Schriftstellerleben: Weitere lukrative Preise, höhere Auflagen, mehr Einladungen zu Lesungen mit höheren Honoraren, Gastprofessuren, Auslandsstipendien undsoweiter. Schriftsteller*innen* gebührt auch ein Stück von diesem Kuchen, und zwar genau jene Hälfte, die die Männer bisher brüderlich unter sich aufteilten. Leserinnen und Leser würden auch profitieren von einer weniger männerlastigen Literaturlandschaft.

Da unser angesehenster und höchstdotierter Literaturpreis ein Männerpreis ist, obwohl er zur Hälfte von weiblichen Steuergeldern finanziert wird, sollten wir nicht nur eine geschlechtergerechte Besetzung der Jury, sondern überdies die Preisvergabe nach dem Reißverschlussprinzip fordern. Rückwirkend! Bei insgesamt bisher 60 verliehenen Preisen hätten 30 an Frauen gehen müssen, es waren aber nur 7, die restlichen 53 gingen an Männer. Fehlen also noch 46 Frauen, bevor wieder ein Mann dran ist. Zunächst mal kommen Ilse Aichinger, Ruth Rehmann, Angelika Schrobsdorff und Gabriele Wohmann, dann Herta Müller, Monika Maron, Ulla Hahn, Marlene Streeruwitz, Julia Franck, Waltraud Anna Mitgutsch, Kathrin Schmidt, Terézia Mora, Katja Lange-Müller, Birgit Vanderbeke, Sigrid Damm. Postume Preise sollten gehen an die ErbInnen von Nelly Sachs, Irmgard Keun, Marieluise Fleißer, Ingeborg Drewitz, Brigitte Reimann, Maxie Wander, Irmtraud Morgner, Anja Lundholm, Caroline Muhr, Christa Reinig, Marlen Haushofer, Christine Lavant, Christine Busta, Angelika

Mechtel, Libuse Monikova. Undsoweiter, wir kriegen die Liste im Handumdrehen voll.

Mai 2011

Mies van der Rohe:
Über die Veredlung des Miesen

Gestern hörte ich ein »Zeitzeichen«-Podcast vom 27. März zum 125. Geburtstag des Architekten Ludwig Mies van der Rohe (1886-1969). Ich weiß leider nicht viel über Architektur, Architekturgeschichte und Design. Ich wusste nur, dass Mies van der Rohe die Neue Nationalgalerie in Berlin gebaut hat. Und seinen Barcelona-Sessel kannte ich. Ich wusste nicht einmal, was er für ein Landsmann war. Der Name klingt ziemlich niederländisch, aber in den 50er Jahren, auf der Höhe seines Ruhms, operierte Mies van der Rohe ja überwiegend von den Vereinigten Staaten aus, und in diesem Einwanderungsland haben die Leute bekanntlich alle möglichen Namen.

In der Sendung erfuhr ich, dass der Mann mit dem vollmundigen Namen ursprünglich Ludwig Mies hieß und aus Aachen stammt. Er war das jüngste Kind des Steinmetzmeisters Michael Mies und seiner Frau Amalie Mies. Frau Amalie war acht Jahre älter als ihr Mann und bei der Geburt ihres Jüngsten 43 Jahre alt. Ob Ludwig Mies mit der berühmten feministischen Soziologin Maria Mies verwandt ist?

Der Name Mies macht sich ja nicht gut für einen aufstrebenden jungen Mann, und so nannte Mies sich ab 1921 Mies van der Rohe. Seine Mutter war nämlich eine geborene Rohe. »Rohe« hat allerdings auch nicht gerade positive Assoziationen. Warum nannte er sich nicht »van der Waal« oder »van der Bilt«? Es scheint, dass er nicht nur sich selbst erhöhen, sondern zugleich seine Mutter ehren wollte. Diese Möglichkeit war und ist im deutschen Namensrecht ja nicht vorgesehen.

Der Name »Mies van der Rohe« hat was – und das liegt nicht nur daran, dass Mies sich damit durch außerordentliche Leistungen eben »einen Namen gemacht hat«. Die syntaktische Analyse beweist, dass Mies nicht nur in der Baukunst systematisch, innovativ und PR-bewusst vorging. Mit dem Bau seines neuen Nachnamens gelang ihm ein ziemlich schlauer PR-Trick.

Sein Motto war bekanntlich »Weniger ist mehr«, und er fügte wohl auch hinzu: »Verwechseln Sie bitte nicht das Einfache mit dem Simplen.«

Zunächst scheint es ja so, als habe er mit der Verlängerung seines Nachnamens seinem eigenen Grundsatz zuwidergehandelt. Das sieht aber nur so aus. Denn meist wird er dann schließlich doch nur Mies genannt. Ähnlich wie Rembrandt van Rijn auch immer nur Rembrandt genannt wird. Oder Leonardo da Vinci gern nur Leonardo. Von Michelangelo, Raffael, Elvis, Madonna und Angie ganz zu schweigen.

In Mies van der Rohes Branche ist weniger tatsächlich mehr, besonders in Sachen Namen: In der höchsten Liga nennt man die Künstler gern nur noch beim Vornamen. Es ist ein Adelsprädikat bildender Künstler – ähnlich wie das »die« in »die Callas«.

Damit etwas vereinfacht werden kann, muss es aber zunächst mal eine gewisse Komplexität haben. »Mies« lässt sich nicht vereinfachen – wohl aber »Mies van der Rohe«. In der Wortfolge »Mies van der Rohe« klingt »Mies« wie der Vorname, einfach weil er dort steht, wo wir üblicherweise den Vornamen erwarten. Im Niederländischen gibt es ja viele fremdartige Vornamen, zum

Beispiel hieß Anne Franks Vertraute Miep Gies. Warum soll dann ein Mann nicht mit Vornamen Mies heißen?

Ludwig Mies hat also seinen Nachnamen verlängert, um ihn edel zum »Vornamen« vereinfachen zu können. Raffiniert. Und was lernen wir daraus?

Zunächst mal, dass wir uns mit miesen Karten nicht einfach abfinden müssen, wir können was draus machen. Zweitens könnten wir unsere Nachnamen ebenfalls um die Namen unserer Mütter verlängern, um sie zu ehren. Ich hieße dann Luise Pusch van der Fries. Oder auch Luise van der Irmela, denn den Namen Fries hat meine Mutter ja auch von ihrem Vater. Ihre Mutter musste bei der Ehe den Namen Fries annehmen, undsoweiter: Auslöschung der mütterlichen Abstammung durch alle Generationen. Aber Irmela war ihr eigener Name.

Zurück zu Mies. Dem Prinzip »Weniger ist mehr« folgte er in seinen Liebschaften kein bisschen. Und wie er seine Frau und seine drei Töchter behandelt hat, war auch nicht vom Feinsten. Und der Anteil seiner Gefährtin, der bedeutenden Innenarchitektin und Designerin Lilly Reich (1885-1947), an seinen Arbeiten gehört auch noch feministisch aufgearbeitet. Vermutlich haben sie den Barcelona-Sessel zusammen entworfen. Überhaupt hat sich Mies weder vor noch nach seiner Zeit mit Lilly Reich als Möbeldesigner betätigt.

Aber um all das kümmern wir uns ein andermal.

Ich widme diese Glosse der großen feministischen Linguistin, Lesben-Forscherin und -Aktivistin Julia Penelope, die am heutigen 19. Juni 2011 70 Jahre alt wird. Sie legte ihren Nachnamen Stanley ab und nannte sich fortan Penelope, ob nach ihrer Mutter oder nach der mythischen Penelope, die sich der miesen Freier jahrelang erfolgreich erwehrte, ist mir nicht bekannt.

Juni 2011

Johannespassion oder
Braucht die Muttergottes einen Vormund?

Am Vorabend zu Karfreitag waren wir in der Marktkirche und erlebten Bachs Johannespassion in einer wunderbaren Aufführung mit dem Bachchor und Bachorchester Hannover unter Leitung von Jörg Straube.

Ich habe die beiden großen Bach-Passionen schon oft gehört – früher aus dem Radio, von der LP oder Musikkassette, seit 2002 von meinem iPod. Die Musik kenne ich also gut, aber um den Text habe ich mich nie gekümmert. Was der Evangelist singt, verstehen wir meist recht gut, weniger die anderen SolistInnen oder den Chor. Dazu müssen wir den Text kennen oder mitlesen.

Zum Mitlesen hatte ich am Gründonnerstagabend zum ersten Mal Lust und Gelegenheit. Vieles wirkte auf mich grausig bis unfreiwillig komisch, von der »Marterstraße« bis zu den »Lasterbeulen«, aber solche Drastik kennen wir ja schon aus den Kantaten: Meine Lieblingsstelle handelt vom Osterlamm, das »hoch an des Kreuzes Stamm in heißer Lieb gebraten« wird (Kantate: »Christ lag in Todesbanden«, BWV 4).

Eine Stelle fand ich pragmalinguistisch sehr spannend und hätte Lust, sie mir mal vorzunehmen:

Pilatus aber schrieb eine Überschrift und satzte sie auf das Kreuz, und war geschrieben »Jesus von Nazareth, der Jüden König«. Diese Überschrift lasen viele Juden, denn die Stätte war nahe bei der Stadt, da Jesus gekreuziget ist. Und es war geschrieben auf hebräische, griechische und lateinische Sprache. Da sprachen die Hohenpriester der Jüden zu Pilato: Schreibe nicht: der Jüden König, sondern dass er gesaget habe: Ich bin der Jüden König.
Pilatus antwortete: Was ich geschrieben habe, das habe ich geschrieben.

Kein Wunder, dass die Hohenpriester sich über Pilatus' Überschrift auf dem Kreuz aufregten, bestätigt und anerkennt sie doch genau das – noch dazu vielsprachig und für alle sichtbar, wie mit einer breitangelegten Werbekampagne – was die Hohenpriester auf die Palme bringt und weswegen sie Jesus beseitigen lassen wollen. Auf ihren Protest antwortet Pilatus – ähnlich kryptisch wie Jahwe mit seinem »Ich bin, der ich bin« – »Was ich geschrieben habe, das habe ich geschrieben«. Mit anderen Worten: »Erklärungen sind unter meiner Würde.«

Die Textstelle aber, die feministisch-linguistisch am interessantesten ist, betrifft Jesu Anweisungen an seine Mutter – »Weib, siehe, das ist dein Sohn!« – und an seinen Jünger Johannes: »Siehe, das ist deine Mutter!«

Derartige neue Verwandtschaften kreieren sonst nur Standesbeamte und Geistliche, wenn sie Mann und Weib und neuerdings auch gleichgeschlechtliche Paare durch die Zeremonie der Trauung zu Eheleuten erklären, »bis dass der Tod euch scheidet!«.

Man versteht, dass der Gekreuzigte sich kurz fassen muss, dennoch wirken seine Anweisungen etwas barsch, und vor allem ziemlich plötzlich.

Im Passionstext folgt danach ein Choral, der uns Jesu Worte auslegt:

> Er nahm alles wohl in acht
> In der letzten Stunde
> Seine Mutter noch bedacht,
> Setzt ihr ein' Vormunde.
> O Mensch, mache Richtigkeit,
> Gott und Menschen liebe,
> Stirb darauf ohn alles Leid
> Und dich nicht betrübe!

Maria hat noch schnell einen Vormund verpasst bekommen, da der eigene Sohn dieser Aufgabe nun nicht mehr nachkommen kann.

Als ich das im Textheft las, war ich völlig platt. So hatte ich diese bekannte Geschichte noch nie gehört. Die heilige Muttergottes, verehrt von der ganzen Christenheit und seit Urzeiten um Hilfe angefleht von den Elenden dieser Welt – sie braucht einen männlichen Vormund?

In der Bibel ist von Vormundschaft auch nirgends die Rede. Dort heißt es nur: »Und von Stund an nahm sie der Jünger zu sich.« (Joh. 19,27). Die Vormundschaft des Jüngers über die Muttergottes ist also eine fromme Zutat des zeitgenössischen Textdichters, vielleicht sogar Bachs selbst.

Über Bachs Umgang mit seinen beiden Ehefrauen und vor allem seinen neun Töchtern habe ich vor 25 Jahren mit Swantje Koch-Kanz eine längere Abhandlung verfasst (»Die Töchter von Johann Sebastian Bach«, in: Luise F. Pusch (Hg.): *Töchter berühmter Männer: Neun biographische Portraits*. Frankfurt a. M. 1988, S. 117-154.)

Anna Magdalena Bach, seine zweite Frau, gebar zwischen 1723 und 1733 zehn Kinder, von denen sieben starben. Zwischen seinen musikalischen Großtaten (die Johannespassion wurde 1724 uraufgeführt) fand Bach also noch die Zeit, seine Frau pausenlos zu schwängern. Sie kam aus den Schwangerschaften und der Trauer um die so bald versterbenden Kleinen einfach nicht mehr heraus.

Es passt zu diesen brutalen Tatsachen, dass in den Augen Bachs und seiner Zeitgenossen die Frau, selbst wenn sie als Mutter Gottes den höchsten Status erreicht hat, den eine Frau in diesem System erreichen kann, doch von Natur unmündig ist, so dass sie von der Wiege bis zur Bahre einen männlichen Vormund braucht.

April 2012

Mütter

Faire Mütter, fiese Väter

Mütter und Väter sind dieser Tage wieder das Top-Thema – Mütter wegen des Muttertagsgeschäfts, Väter wegen ihrer sexuellen Geschäftigkeit:

Pater/Bischof Mixa wurde beschuldigt, minderjährige Schutzbefohlene nicht nur geschlagen, sondern auch sexuell »missbraucht« zu haben, und sein Chef, der Heilige Vater, hat ihn endlich abgesägt.

Vater Klaus Rainer Röhl, in den 60er Jahren mit Ulrike Meinhof verheiratet und Vater ihrer Zwillinge Bettina und Regine Röhl, wird von Anja Röhl, seiner Tochter aus erster Ehe, in einem ausführlichen *Stern*-Artikel beschuldigt, sie jahrelang sexuell belästigt zu haben. (Der Artikel ist jetzt online, auf Anja Röhls Webseite; außerdem hat sie dort kurz vorher noch einen theoretischen Artikel zum sexuellen Machtmissbrauch veröffentlicht.)

Vater Röhl bestreitet das als »absurd«: »Da war nichts.« Die beigefügten Belege aus seinem Sex-Blatt *Konkret* sprechen allerdings deutlich eine ganz andere Sprache.

Pater Mixa hat seine Vergehen auch lange bestritten. Insofern liegt die Vermutung nahe, dass der alte Vater Röhl dieser bewährten Taktik folgt. Beweisen lässt sich die Untat nach 42 Jahren nicht mehr – die Väter sind fein raus. Zumal die Opfer auch meist schweigen, weil sie sich an den Verbrechen, die gegen sie begangen werden, typischerweise mitschuldig fühlen: »Irgendetwas muss an mir schlecht sein, sonst würde Papa mich doch nicht so behandeln.«

So weit die Väter, nun zu den Müttern.

Es muss am Muttertag doch einmal lobend hervorgehoben werden: Von sexuellen Übergriffen der Mütter gegen ihre Kinder hören wir kaum etwas. Dabei wird doch immer erzählt, die Täter seien zu 30 bis 50 % selber Opfer sexuellen Machtmissbrauchs. Was schützt die überwiegend weiblichen Opfer davor, sich ihrerseits in Sexualmonster zu verwandeln?? Diese Fragen werden nicht einmal gestellt.

Was immer man Ulrike Meinhof vorwerfen mag – sexuell belästigt oder vergewaltigt hat sie weder ihre Töchter noch ihre Stieftochter Anja.

Im Gegenteil: Laut Jutta Ditfurth tat »Rabenmutter« Ulrike Meinhof alles, was sie unter den gegebenen Umständen vermochte, um ihre Zwillingsmädchen vor dem Vater in Sicherheit zu bringen. Aber er bekam das Sorgerecht.

Ein arte-Themenabend beschäftigte sich vor kurzem ausführlich mit dem Thema des sexuellen Machtmissbrauchs. Vier Frauen und ein Mann – das entspricht etwa der Verteilung der Opfer auf die Geschlechter, jedes fünfte Missbrauchs-Opfer ein Junge – erzählten erschütternde Geschichten von Ängsten und Qualen, die sie als Kinder über Jahre durch männliche Verwandte, meistens Väter, erlitten.

Die Täter wurden in folgende Gruppen eingeteilt:
– unreife Neurotiker (80 %)
– perverse Intellektuelle (15 %) – dazu wäre dann wohl Klaus Rainer Röhl zu rechnen. Selbst wenn er nicht getan hat, was seine Tochter ihm vorwirft (aber warum sollte sie das erfinden?), hat er doch durch seine pädophilen Pornozeitschriften bewiesen, dass er diese Bezeichnung verdient. Auch die Missbrauchs-Priester wie Mixa gehören wohl in diese Gruppe.

- sadistische Ausbeuter (5 % – wie Fritzl aus Amstetten)

Am meisten enttäuscht zeigten sich die Opfer nicht von ihren Peinigern, sondern von ihren Müttern, die den Tätern über Jahre nicht das Handwerk legten.

Eigentlich ist das doch widersinnig. Unser Strafrecht urteilt anders: Der Täter wird natürlich härter bestraft als die Personen, die zugesehen haben, statt ihm Einhalt zu gebieten. Der Papst ist noch nicht zurückgetreten, stattdessen legte Mixa seine Ämter nieder.

Ich kann mir diese größere Enttäuschung durch die Mütter nur dadurch erklären, dass den Vätern eh alles mögliche zugetraut wird. Sie haben schon ein mieses Image, das sie durch solche Taten nur bestätigen. Die Mutter aber – von ihr erwarten wir alle viel zu viel, um nicht zu sagen Übermenschliches. Vor allem soll sie uns beschützen vor dem ganzen Unheil in der Welt. Das Unheil wird in aller Regel von den Männern angerichtet – damit haben wir uns schon abgefunden.

Die Mutter, die dem Ideal nicht entspricht, wird schnell als »Rabenmutter« verunglimpft – das männliche Pendant ist anscheinend die Norm, deshalb gibt es die Ableitung »Rabenvater« erst seit kurzem. Ebenso ist die »böse Stiefmutter« sprichwörtlich; später wird sie von der bösen Schwiegermutter, dem »Schwiegermonster«, abgelöst. Böse Stiefväter und Schwiegerväter – gibt es anscheinend nicht.

Zu der fatalen Idealisierung der Mutter trägt auch der Muttertagsrummel bei. Wir sollten die Erwartungen etwas niedriger hängen und den Muttertag umwidmen zu einem Dankestag für diejenigen, die ihre Kinder fair behandeln und nicht missbrauchen. Darunter können ja auch ein paar Väter sein, die verdienen dann auch besonderes Lob und ein Sträußchen Männertreu. Am

»Fairziehungstag« bekommen »faire« Erziehungspersonen eine Anerkennung in Anlehnung an das Siegel »fair trade«. Von den damit Zertifizierten erwarten wir auch nicht, dass sie ihre ArbeiterInnen auf Händen tragen und lieben bis in den Tod. Wir erwarten nur, dass sie sie fair behandeln statt der üblichen kapitalistischen Praxis, sie auszubeuten.

Während ich dies schreibe, ist das Ergebnis der Wahlen in NRW noch unentschieden. Mit etwas Glück bekommen wir dort ein weibliche Doppelspitze, zwei neue Landesmütter, Kraft und Löhrmann. Dazu unsere Landesmutti in Berlin – es geht auf- bzw. mütterwärts! Also fairwärts.

Mai 2010

Mutter-Witze

Vor ein paar Tagen schrieb mir meine Freundin Marlis:

> Ich hab heute meinen Augen nicht getraut – Feuilleton *Zeit* Nr. 3, 13.1.11, S. 37; ein Artikel von Peter Kümmel über die Witzkultur der Jugendlichen (= Bürschlein, wie sich am Ende herausstellt). Es geht um die sog. Mutter-Witze, über deren extreme Frauenfeindlichkeit der Autor kein einziges Wort verliert.

Ich wollte mich ihrem Protest gleich anschließen und einen erbosten Leserinnenbrief an die *Zeit* schreiben, fand aber hier in Boston auf die Schnelle kein Print-Exemplar, und online fand ich den Artikel (noch?) nicht. [Inzwischen unter: http://www.zeit.de/2011/03/Spitze.] Deshalb schreibe ich heute eine Glosse über diese Mutter-Witze (von denen ich bis dahin noch nichts wusste), damit Leserinnen in Deutschland die *Zeit* mit massivem Protest bewerfen.

Die »Witzkultur« der Bürschchen tobt sich im Internet auf vielen Mutterwitze-Seiten aus, mindestens schon seit 2008. Gründlich habe ich das nicht recherchiert, weil die Beschäftigung mit diesen extrem frauenfeindlichen Zoten nicht nur die gute Laune verdirbt, sondern auch ungesund für die weibliche Galle ist, die bei der Lektüre dauernd hochkommt.

Jede, die mag, kann im Internet sofort fündig werden. Hier nur drei Beispiele von Tausenden, zum Abgewöhnen:

– Deine Mutter ist wie eine Flinte, sie wird immer von hinten geladen!
– Deine Mutter kackt vorn Aldi, weil aufer Tür »Drücken« steht!
– Deine Mutter ist so fett, die benutzt ne Matratze als Tampon!

Inhaltlich drehen sich diese pubertären Sprüche überwiegend um Sexualität, Fäkalien oder Fettleibigkeit – die drei großen Tabus unserer Kultur also. Da die Sprüche kurz sind, eignen sie sich prächtig zur Verbreitung auf Twitter und per SMS. Das ist wohl auch das einzig Neue an ihnen, die rasante Verbreitung »dank« der neuen Medien.

Aufschlussreich ist, dass es immer »deine Mutter« heißt, nie »meine Mutter«. Durch die Beleidigung der Mutter des Angesprochenen soll dieser selbst getroffen werden. Anscheinend trifft die Beleidigung der Mutter des Gegners in dieser »Kultur« noch empfindlicher als die Beleidigung des Gegners selbst.

Das ist innerhalb der Machokultur keineswegs neu. Frühere Generationen haben diese brisante Gefühlslage kodifiziert in Schimpfwörtern wie »Hurensohn«, »son of a bitch« und »motherfucker«.

Daraus folgt, dass die extreme Frauenfeindlichkeit der Sprüche letztlich auf einer tiefen Verehrung der Mutter gründet. Die eigene Mutter ist unantastbar, mit ihrer Ehre steht und fällt die Ehre ihres Sohnes, und wer *sie* verleumdet, verletzt damit *seine* Ehre und trifft wirklich. Das tröstet uns allerdings kaum, zumal die kulturtypische Verachtung aller Frauen außer der eigenen Mutter sich in den »Deine-Mutter«-Zoten hemmungslos austobt. Dass es keine entsprechenden »Dein-Vater-Witze« gibt, die das männliche Geschlecht als solches heruntermachen, zeigt, dass die Mutter-Zoten von Männern stammen. Jede Untersuchung der Schimpfwörter einer Sprache bringt dasselbe Ergebnis: Da die Zahl der Schimpfwörter gegen Frauen so viel höher ist als die der Schimpfwörter gegen Männer, ist es nicht schwer, die Verantwortlichen für den Verbalschmutz auszumachen.

Der Mann spaltet die Frau auf in die »Heilige« (Mutter) und die »Hure«, findet sich in der selbstgebastelten Wirklichkeit nicht zurecht, schmiert manisch-sinnlos herum und macht – im Vergleich zur Frau, die keine »Dein-Vater-Witze« produziert – wieder mal eine sehr schlechte Figur als Primitivling par excellence.

Januar 2011

Yo-Mama-Jokes, das Original der Mutter-Witze

Zu meiner letzten Glosse »Mutter-Witze« (S. 82-84) schickte meine Freundin Senta Trömel-Plötz mir einen erhellenden Kommentar über deren mutmaßlichen Ursprung in der Sprache der schwarzen Jugend (= Jungs) in den USA. Die deutschen »Deine-Mutter-Witze« sind anscheinend ein verrohter Abklatsch eines verbalen Schlagfertigkeitswettbewerbs, *Sounding* genannt, unter männlichen schwarzen Teenagern. Die Praxis geht mindestens bis in die 60er Jahre zurück. Damals dokumentierte der Linguist William Labov sie als Beispiel für die Kreativität der Black Kids. Labovs zentrales und revolutionäres Anliegen war es, das verachtete Black English als eine eigenständige und gleichwertige Version des Englischen zu etablieren.

Senta schrieb:

Die Yo-Mama-Jokes sind also endlich in Deutschland angekommen. Ich frage mich, warum so spät. Labov hat sie schon in den 60ern analysiert.

Stefan [Sentas Sohn] sagt, es gibt eine MTV Show, wo zwei Jungs gegeneinander mit Yo-Mama-Jokes antreten, und einer gewinnt. Er meint, dass es diese Show schon eine Weile gibt, und ich glaube, sie könnte der Grund dafür sein, dass sie nun auch in Deutschland auftreten, wie alle amerikanischen Kulturgüter. Vielleicht kamen sie auch mit dem Rap nach Deutschland. Sie waren ursprünglich nicht krude und abstoßend wie Deine deutschen Beispiele. Vielleicht haben sie sich in 50 Jahren geändert.

Deine Mutter ist übrigens auch absolut die falsche Übersetzung; besser wäre vielleicht *Deine Mama* – jedenfalls ist *Mama* ein *endearing term* [Kosewort] im Black English, das macht die Witze nicht so »offensive« im Englischen, es ist etwas komplizierter, denke ich. *Mama* allein ist schon ein Indikator für einen Black speaker.

apropos *fett*: ich erinnere mich an einen *thin* joke, yo mama is so thin she went down with the bath water. Nicht frauenfeindlich ODER???

Das Muster ist immer: *Yo mama is so …*

Ihre Mama ist für black Kids eine Herzensangelegenheit und das Wichtigste auf der Welt. Die Yo-Mama-Jokes, an die ich mich erinnere, waren wirklich lustig, wir haben über sie gelacht. Sie sind Teil eines verbalen Wettstreits unter Schwarzen, der *Sounding* genannt wird.

Stefan fand auch noch einen überzeugenden Grund für das Fehlen von Yo-Daddy-jokes: Daddy ist meistens gar nicht da [hat sich abgesetzt oder sitzt im Gefängnis, wie so viele schwarze Männer].

Nach diesen Hinweisen von Senta habe ich Labovs Ausführungen über das *Sounding* gelesen (William Labov: *Language in the Inner City: Studies in the Black English Vernacular*. Philadelphia 1972 – teilweise online nachzulesen bei Google books). Labov schreibt, es handle sich um einen ritualisierten Beleidigungs-Wettstreit zwischen zwei Kontrahenten, der vor und vom Publikum entschieden wird. Gewonnen hat der, der die besten Reaktionen erzielt, z.B. das lauteste Lachen oder totale Verblüffung.

Labov analysiert haarklein die dem Ritual zugrunde liegenden Regeln des *Sounding*. Die wichtigste ist die Übertreibung: Die Beleidigung muss dermaßen übertrieben sein, dass Ähnlichkeiten mit lebenden Personen unwahrscheinlich sind. Gibt es doch Ähnlichkeiten, zerfällt das Spiel alsbald, weil die Beleidigung »gesessen« hat und der Beleidigte beginnt, sich »in echt« zu wehren.

So weit, so gut. Was Labov nicht analysiert, ist die auffällige Tatsache (die er auch nicht leugnet), dass der Gegenstand der Verunglimpfung in der Regel die Mutter ist.

Bei aller Raffinesse und Elaboriertheit seiner feinziselierten Analyse – was ist mit dem »elephant in the room«, nämlich demjenigen Faktum, das auf der Hand liegt und sofort ins Auge springt, aber von niemandem angesprochen wird, weder von Labov vor 40 Jahren noch von Kümmel vor einer Woche?

Es wäre doch nicht unwichtig oder uninteressant gewesen, der Frage nachzugehen, warum ausgerechnet die Mutter Gegenstand all dieser kunstvoll aufeinandergehäuften Verunglimpfungen ist. Und warum sich Mädchen an dem Wettstreit nicht beteiligen.

Aber so war das damals, als die zweite Frauenbewegung noch nicht in der Mitte der Gesellschaft angekommen war. Über solche nebensächlichen, inhaltlichen statt formalen Fragen dachte mann nicht nach. Da fiel dem Linguisten gar nichts auf.

Insofern bleibt meine Analyse aus der Glosse »Mutter-Witze« wohl weiterhin gültig.

Das Stichwort »Übertreibung«, das für diese rituellen Beleidigungen zentral ist, erinnerte mich an die große amerikanische Humoristin Erma Bombeck. Sie trat mit Vorliebe in der Rolle der entnervten Hausfrau und Mutter auf, die ihrem Unmut über den öden Gatten und die nervenden Sprösslinge in unsterblichen Sprüchen Ausdruck verlieh, welche ihre Leserinnen entzückten und bis heute das Internet als »Erma Bombeck Quotes« beleben. Hier eine Auswahl:

Über Männer:
– Anybody who watches three games of football in a row should be declared brain dead.
– God created man, but I could do better.
– I haven't trusted polls since I read that 62 % of women had affairs during their lunch hour. I've never met a woman in my life who would give up lunch for sex.

Über die Sprösslinge:
- Never lend your car to anyone to whom you have given birth.
- Why would anyone steal a shopping cart? It's like stealing a two-year-old.
- It goes without saying that you should never have more children than you have car windows.
- My kids always perceived the bathroom as a place where you wait it out until all the groceries are unloaded from the car.
- I take a very practical view of raising children. I put a sign in each of their rooms: »Checkout Time is 18 years.«
- Being a child at home alone in the summer is a high-risk occupation. If you call your mother at work thirteen times an hour, she can hurt you.
- Do you know what you call those who use towels and never wash them, eat meals and never do the dishes, sit in rooms they never clean, and are entertained till they drop? If you have just answered, »A house guest,« you're wrong because I have just described my kids.
- You become about as exciting as your food blender. The kids come in, look you in the eye, and ask if anybody's home.

Über Hausarbeit:
- Housework, if you do it right, will kill you.
- My second favorite household chore is ironing. My first being hitting my head on the top bunk bed until I faint.

Genau wie sie den Gatten, die Kinder und die Hausarbeit mitleidlos aufs Korn nimmt, so karikiert sie auch sich selbst, am liebsten mit dem rhetorischen Mittel der Übertreibung (*Hyperbel* im Rhetoriklehrbuch).

Wir sehen, was die »kreativen black kids« können, können wir schon lange. Und wir haben auch jede Menge Gründe und Ziele für solchen befreienden Humor. Wir sollten Erma Bombecks Kunst genau studieren und ihre Technik jederzeit parat haben.

Wenn also jemand sagt: »Deine Mutter ist so fett, die benutzt ne Matratze als Tampon!«, können wir das natürlich ignorieren (immer eine gute, weil energiesparende Taktik, sie ärgert den Beleidiger vielleicht am meisten und stoppt ihn am zuverlässigsten). Wenn uns aber grade nach Wettkampf zumute ist, können wir auch kontern.

Was würde Erma sagen? Vielleicht: »Deine Sprüche sind so doof, dass sie sich auch noch Matratzen in die Ohren stopft.«

Oder so ähnlich.

Januar 2011

»But Mom, the girls LOVE it!«

Vorgestern trafen wir uns mit sieben anderen Professorinnen unserer Bostoner WIG-Gruppe (Women in German) zum monatlichen Netzwerken. Wie üblich diskutierten wir erst über einen wissenschaftlichen Text, den eine von uns verfasst hatte, dann erzählten wir uns die neusten Geschichten aus unserem Leben. Sabine erzählte von ihrem 18-jährigen Sohn und seiner Band AER. Neulich hätten sie im Gramercy Theatre in New York ein Konzert gegeben, zu dem 600 Fans erschienen seien. 2 Millionen Hits hätte die Band schon bei YouTube, und bei iTunes machten sie mit ihren Songs ein Schweinegeld.

»O ja«, sagte ich, »du hattest doch neulich diese Band

auch auf deiner Facebook-Seite ›geliked‹, jetzt werde ich diesen Hinweisen endlich mal nachgehen.«

Sabine warnte, dass uns die Texte ihres Sohnes wahrscheinlich nicht gefallen würden, sie wären oft aggressiv und frauenfeindlich, wie bei Rappern eben so üblich. Und wenn sie ihren David ernsthaft daraufhin anspräche, käme er mit einem Argument, dem wenig entgegenzusetzen sei: »But Mom, the girls LOVE it!« Und sie hätte es selbst erlebt bei jenem Auftritt in New York. Die Girls außer Rand und Band vor Begeisterung, das übliche verzückte Kreischen – allerdings seien die meisten auch vom Alkohol und wer weiß was sonst noch schon ziemlich hinüber gewesen, das Komasaufen griffe ja immer mehr um sich an den High Schools und Colleges.

Wir kamen bald auf anderes zu sprechen. Erst nach dem Treffen fiel mir die Parallele ein zwischen Davids »But the girls LOVE it!« und dem, was ich morgens in der Einleitung zu *The History of Woman Suffrage* gelesen hatte, dem monumentalen Geschichtswerk über die erste Frauenbewegung in den USA, verfasst von den Hauptakteurinnen dieser Bewegung: Elizabeth Cady Stanton, Susan B. Anthony, Matilda Joslyn Gage und Ida Husted Harper.

Wie oft hören wir nicht dieses Argument, wenn wir irgendeinen patriarchalen Missstand kritisieren, sei es sexistische Sprache, seien es sexistische Filme oder sei es sonst irgendwas aus dem endlosen Vorrat der frauenfeindlichen Kulturproduktion. Nehmen wir das Wort »Fräulein«. Als die feministische Linguistik vor 40 Jahren das Wort als sexistisch ablehnte, hielt man uns vor, erstens wären wir verbissen und zweitens sähen die meisten Frauen das nicht so verbissen. Überdies gefiele den meisten »Fräuleins« diese Bezeichnung, und auf gar keinen Fall wollten sie durch die Anrede »Frau« in der Blüte ihrer Jugend mit alten Frauen gleichgesetzt werden.

Nun, das ist inzwischen ausgestanden – die Anrede *Fräulein* ist weitgehend ausgestorben, und keine weint ihr hinterher, nicht mal die Schweiz, wo sie sich am längsten gehalten hat.

Die besagte Einleitung zu *The History of Woman Suffrage* nun zeigt uns, dass schon unsere feministischen Vormütter sich mit dem »Argument« herumschlagen mussten, dass doch die meisten Frauen die Kritik und die Forderungen der Feministinnen ablehnten und ganz mit den Männern übereinstimmten, die den Kampf um Stimmrecht und Gleichberechtigung für Frauen völlig überflüssig fanden.

> Es wird gesagt: »Die Frauen, die diese [frauenrechtlerischen] Forderungen stellen, sind nur wenige, und ihre Gefühle und Ansichten sind unnormal und haben kein Gewicht bei der Gesamtbeurteilung der Frage.« Die Zahl ist größer, als es scheint, denn die Angst vor öffentlichem Spott und dem Verlust privater Vergünstigungen seitens derer, die ihnen Unterkunft, Nahrung und Kleidung geben, hält viele davon zurück, ihre Meinung zu sagen und ihre Rechte einzufordern. Die Ignoranz und Gleichgültigkeit der Mehrheit der Frauen in Bezug auf ihren Status als Bürgerinnen einer Republik ist nicht verwunderlich, denn die Geschichte zeigt, dass die Massen aller unterdrückten Klassen, die in äußerstem Elend lebten, stumpf und apathisch blieben, bis die Zuversicht und Begeisterung einiger weniger durch Teilerfolge belohnt wurden.
> Die Aufstände auf den Plantagen des Südens scheiterten immer an den Zweifeln und der Zwiespältigkeit der SklavInnen selbst. […]. Die Apathie der Frau gegenüber dem Unrecht gegen ihr Geschlecht spricht nicht für den Verbleib in ihrer gegenwärtigen Lage, sondern ist das stärkste Argument dagegen. (Introduction S. 17 f., übs. LFP)

Das Buch erschien 1881, und gestern, 131 Jahre später, fiel mir noch immer nicht die passende Antwort ein auf das uralte »But the girls love it!«.

Wenn es mir, wie schon so oft geschehen, bei einer Veranstaltung wieder begegnet, werde ich wissen, was ich zu sagen habe:

Erstens: »Wahrscheinlich sind es in Wirklichkeit viel weniger, als Sie glauben.«

Zweitens: »Dass die Frauen so denken angesichts schreiender Ungerechtigkeit/Anpöbelungen/Demütigungen, ist nur der Beweis dafür, dass ihre Lage erbärmlich ist und sich ändern muss.«

Die Einleitung zu *The History of Woman Suffrage* ist eine Punkt-für-Punkt-Anleitung für den schlagfertigen Umgang mit den üblichen Abfertigungen feministischer Kritik. Ich werde sie gleich weiter studieren, um sie immer parat zu haben.

Aber auch die erste *deutsche* Frauenbewegung wusste schon damals genau, was los war. Auguste Schmidt erkannte schon auf der ersten deutschen Frauenkonferenz im Jahre 1865: »Das Problem der Frauen liegt vor allem im Nichterkennen der eigenen Situation.«

Januar 2012

Mother-Blaming – Rabenmütter, Schwiegermonster und Stiefmütterchen

Ich ging im Walde so für mich hin, da kam mir das Stiefmütterchen in den Sinn. Das Wetter war so frühlingshaft, und Stiefmütterchen sind doch »die ersten Frühlingsboten«. Sehen tat ich allerdings keine. Sie kamen mir nur in den Sinn.

Die liebliche Frühlingsbotin heißt »Stiefmütterchen«, weil »die Blüte aussieht wie ein böses, eben stiefmütterliches Gesicht«. Oder weil die Blütenblätter ungerecht auf die Kelchblätter verteilt sind. Das oberste Blütenblatt sitzt auf zwei Kelchblättern, es wird Stiefmutter genannt. Die beiden Blätter unter ihr, die Töchter, sitzen auf je einem Kelchblatt. Und die beiden untersten Blütenblätter, Stieftöchter genannt, müssen sich ein Kelchblatt teilen und sind außerdem nur einfarbig, während Stiefmutter und Töchter mit zwei Farben geschmückt sind.

Spätestens seit Mutti uns zum ersten Mal »Aschenputtel«, »Schneewittchen« und »Hänsel und Gretel« vorlas, wissen wir, was für selbstsüchtige, geradezu teuflische Personen Stiefmütter sind.

Auch vor der eigenen Mutter sind Kinder niemals sicher, das lehrt uns schon der Begriff »Rabenmutter«! Oder die Urfassung von »Hänsel und Gretel«, in der die Kinder noch von der eigenen Mutter ins Verderben geschickt wurden!

Und erst die Schwiegermutter. Haben wir je von einer »lieben Schwiegermutter« gehört? Nein, sie sind allesamt böse, böse Schwiegermütter, regelrechte Schwiegermonster – so der deutsche Titel einer bekannten Filmklamotte. Auf Englisch heißt der Film »Monster-in-Law«. Mother-Blaming ist ein internationales Projekt.

Woher kommt dieser anscheinend uralte, bis in mythische Vergangenheit zurückreichende Hass auf die Mütter? Wo doch die eigentlichen Monster die Väter sind, von den gewöhnlichen brutalen Schlägern, den Urhebern der sogenannten »häuslichen Gewalt«, über die Missbrauchsväter bis hin zu den katholischen Patres?

Ich vermute, es liegt daran, dass von den Vätern von jeher nichts Gutes erwartet wird. Wenn sie sich also mies verhalten, so ist das einfach normal, und für das Normale braucht es kein eigenes Wort, frau denke nur an die fehlenden Pendants zu »Damenwahl« und »Herrenschokolade«. Aber wehe, die Mutter ist nicht lieb, selbstlos, beschützend und nährend, wie sie sein soll – dann ist sie gleich ein Monster.

Während ich dies aufschreibe, treten vor meinem inneren Auge schon die VerteidigerInnen der Väter auf den Plan und werfen mir unzulässige Verallgemeinerung vor. Ihnen empfehle ich die Lektüre der jüngsten Studie zur sogenannten Elternzeit, über die das nicht eben als feministisch verschriene *Wall Street Journal* am 29. Februar 2012 unter dem Titel »Does paternity leave hurt women?« (http://blogs.wsj.com/juggle/2012/02/29/does-paternity-leave-hurt-women/) berichtete. Frauen, das ergab diese Studie, kümmern sich in der Mutterschaftszeit liebevoll um ihre Kinder. Männer dagegen nutzen die Zeit, um gezielt ihre Karriere voranzubringen. Mütter, warnt das *Wall Street Journal*, geraten im beruflichen Wettbewerb umso mehr ins Hintertreffen, je mehr Männer Vaterschaftszeit nehmen und – zweckentfremden.

Inzwischen brüten die angeschmierten Kinder, vernachlässigt wie sie sich fühlen, schon mal neue Märchen über selbstsüchtige Mütter aus. Denn die Mutter ist schließlich für ihr Wohl zuständig.

März 2012

Social Media

Share/Teilen:
Facebookspeak & Gender, Teil 1

Unter jeder Facebook-Nachricht finde ich drei Schalt-flächen, die ich anklicken kann:

»Gefällt mir«, »Kommentieren« und »Teilen« – auf Englisch: »like«, »comment« und »share«.

Wenn ich dergestalt eine Nachricht, Fotos oder Web-Fundstücke mit anderen »teile«, geht mir nicht die Hälfte davon flöten, anders als einst dem heiligen Martin, der seinen Mantel mit einem Bettler *teilte*. Er schnitt ihn mit seinem Schwert in zwei *Teile*, so die Sage, und gab dem Bettler die eine Hälfte und behielt die andere. Nicht be-sonders selbstlos, und nicht mal praktisch gedacht, was soll ein halber Mantel schon nützen? Aber doch irgend-wie edel, und die Tat machte ihn denn auch zum Hei-ligen, nach dem die Martinsgans, Martin Luther und schließlich auch Martin Luther King benannt sind.

»Share« ist verwandt mit »Schar« und mit »Schere«. »Schere« leuchtet sofort ein, denken wir nur an die XXL-Schere des heiligen Martin. Und »Schar« auch, haben doch die meisten Facebook-NutzerInnen ganze Heer-scharen von »Freunden« (das Wort kommt natürlich auch bald dran), denen sie ihre Einfälle, Gefühle, Mei-nungen usw. mit*teilen* können und mit denen sie ihre Webfundstücke *teilen* können.

Wenn ich solcherart meine Unmengen von »friends« an den Wechselfällen meines Lebens *beteilige*, betreibe ich Propaganda für mich selbst und/oder mein Geschäft (beides oft kaum voneinander zu unterscheiden) in einer Weise, die bis zum Aufkommen von Facebook unmöglich war. Jeder sein eigener PR-Agent (das Maskulinum ist intendiert). Und »share« wäre für diese Tätigkeit am besten mit »verbreiten«, »unters Volk bringen« übersetzt.

Der *Shareholder* ist ein Aktionär bzw. *Anteils*eigner, und wir wollen von ihm nichts wissen, es sei denn, wir sind selber Shareholder. Aber hat schon mal eine von »einer Shareholder« gehört? Eben.

Apropos »share« = »Anteil«. Wir haben den schönen Ausdruck »jemand Anteil nehmen lassen«, und das ist wohl in etwa das »sharing« auf Facebook, jedenfalls soweit es meine »Statusmeldungen« betrifft. Ich melde etwa: »War grad beim Zahnarzt, und es geht mir so was von beschissen!« Ich lasse meine Freunde *Anteil* nehmen an meinem Leid, und ja, sie nehmen *Anteil*, meiden den »Gefällt-mir-Knopf«, den jetzt zu drücken einfach herzlos wäre, und kommentieren in *Scharen* :-((. Und das tut gut, denn:

> Geteiltes Leid ist halbes Leid,
> Geteilte Freude ist doppelte Freude.

Dieser altmodische Spruch, diese Lebensweisheit ist übrigens das einzige deutschsprachige Beispiel, in dem »teilen« mit »sharing« voll übereinstimmt. Ein eher sehr weibliches Sharing/Teilen, denn unsere Kultur gewöhnt den armen Männern ja frühzeitig und rigoros ab, Freud und Leid mit anderen zu teilen.

Deshalb bin ich mit der »Fehlübersetzung« des »share« mit »teilen« durchaus einverstanden. Möge es den Shareholders nahelegen, nicht nur mehr *Anteile* zu kaufen und ihre message flächendeckend zu *verbreiten*, sondern auch mehr *Anteil zu nehmen*, an sich selbst und an anderen.

August 2011

Friends/Freunde:
Facebookspeak & Gender, Teil 2

Facebook ist ein »Tool«, das »Freunde« miteinander verbindet und vernetzt. Wie schön! Aber da gibt es zwei Probleme:

1) Was ist mit den Freund*innen*?
2) Wird die Bedeutung von »Freund« nicht völlig verwässert, wenn jedeR Hunderte davon haben kann?

Zu 1) Ich bin erst gut drei Wochen bei Facebook und habe schon 144 »Freunde« gefunden. Das heißt, die meisten von ihnen haben mich gefunden. Ich bekam laufend Emails von Facebook: »xy möchte mit dir auf Facebook befreundet sein« bzw. »xy wants to be friends on Facebook«. Ich klickte jeweils hin zum Profil der Anfragenden, und wenn ich feststellte, dass sie mit Frauen, die ich kannte, auf Facebook befreundet war, habe ich sie »als FreundIn hinzugefügt«. So die entsprechende Formel auf Facebook, mit dem großen I schon fast feministisch. Ganz feministisch wäre es ohne großes I gewesen, einfach »Freundin« hätte ja genügt. Denn Facebook weiß wahrscheinlich, ob eine Person weiblich ist, weil wir das ja beim Ausfüllen unseres Profils meist mitteilen. (Zu der von Facebook vorgesehenen Wahl zwischen »weiblich« und »männlich« gab es neulich heftigen und berechtigten Protest der Transgender Community, die sich bezüglich des Geschlechts nicht festlegen wollen. Erweiterungen wie »transgender«, »intersex« etc. wären also sinnvoll.)

FreundIn hin oder her: Meine sog. 144 »Freunde« sind zu 99 % Freund*innen*. Statt »Freunde« also »FreundInnen« zu sagen, dazu konnte Facebook sich anscheinend noch nicht durchringen. Aber ich denke, das wird noch kommen, je mehr Frauen bei Facebook mitmachen und sich beschweren, dass ihre Freundinnen zu Freunden verunkenntlicht werden. Und je mehr Hetero-Männer nicht als Schwule verkannt werden und mit Mega-Zahlen von Freundinnen prahlen wollen.

Eben meldete Facebook: »Jenny möchte Deine Freundin sein.« Nummer 145. Ich habe freudig zugestimmt und bekam prompt die Bestätigung: »Jenny und du seid jetzt Freunde.« Nicht mehr Freundinnen? Wie schade! Aber ich bin überzeugt, das kriegen die bei Facebook auch noch hin.

Kommen wir von den grammatischen Fragen zu den inhaltlichen: Droht der Begriff der Freundschaft durch inflationären Gebrauch zu verwässern?

Die Facebook-Konventionen haben zur Folge, dass ich mich jetzt mit Frauen duze, die ich nur per Facebook kenne, schließlich sind wir ja alle Freundinnen. Dafür sieze ich mich weiter mit vielen Menschen, die ich schon lange und besser kenne, z.B. beruflich. Mit manchen verkehre ich auf Facebook per Du und in Emails per Sie. Verkehrte Welt. Oder: anglisierte/amerikanisierte Welt. Das Englische kennt als Anredeform nur *you*, Nähe und Distanz werden durch den Gebrauch des Vornamens oder Nachnamens geregelt. Aber selbst wenn eine Elektrikerin ins Haus kommt, die ich noch nie gesehen habe, sind wir doch umgehend per »Peggy«, »Joey« und »Luise« statt »Ms. Gonzales«, »Ms. Horsley« und »Ms. Pusch«. Letzteres käme allen Beteiligten steif und lächerlich vor.

US-amerikanische Hemdsärmeligkeit (die maskuline Anmutung ist intendiert) überrennt deutsche Förmlichkeit – nicht schlecht!

Die Facebook-Software lädt mich ein, mit Hilfe ihres »automatischen Freundefinders« noch mehr »Freunde« zu finden, d.h., sie wollen meine Email-AdressatInnen daraufhin beäugen, ob die eine oder der andere unter ihnen schon bei Facebook ist, um mir dann vorzuschlagen, sie zu »meinen Freunden hinzuzufügen«. Bisher habe ich die Erlaubnis zur Durchschnüffelung meiner Email-Adress-Datei noch nicht erteilt. Facebook aber scheint zu denken: Man kann doch gar nicht genug Freunde haben!

»Ein Freund, ein guter Freund, das ist das Beste, was es gibt auf der Welt«, sangen die Comedian Harmonists. Und jetzt? Mit 145 Freunden? Sind 145 Freunde noch das Beste, was es gibt auf der Welt? Oder ist auch hier weniger mal wieder mehr?

Zu der sentimental-heroisch-innigen deutschen Vorstellung von Freundschaft hat vor allem Schiller mit seiner »Ode an die Freude« und der »Bürgschaft«-Ballade beigetragen. In der Ode heißt es:

> Seid umschlungen, Millionen!
> Diesen Kuß der ganzen Welt!
> Brüder – überm Sternenzelt
> muß ein lieber Vater wohnen.
> Wem der große Wurf gelungen
> eines Freundes Freund zu seyn;
> wer ein holdes Weib errungen,
> mische seinen Jubel ein!
> Ja – wer auch nur eine Seele
> sein nennt auf dem Erdenrund!
> Und wer's nie gekonnt, der stehle
> weinend sich aus diesem Bund!

Auf der einen Seite Schillers hohes Männer-Freundschaftspathos, wonach der Freund noch über dem Bruder steht, etwa auf derselben Stufe und einzigartig wie das holde Weib –

Auf der anderen Seite Facebooks »automatischer Freundefinder«. Dazwischen liegen Welten. Und was ist nun besser?

Ich votiere entschlossen für die Verwässerung des Freundschaftsbegriffs, oder nennen wir es *freund*licher Ausweitung, Demokratisierung – Amerikanisierung halt. »Freund oder Feind?« – so lautet die wichtigste Frage in Zeiten der Bedrohung. Freund ist alles, was nicht Feind ist – ja warum eigentlich nicht?

Durch die Hintertür können wir den exklusiven Schillers'chen Freundschaftsbegriff ja auch bei Facebook wieder einschmuggeln. Es gibt da unter »Konto« die Funktion »Freunde bearbeiten«. Dort kann ich meine »Freunde« in Gruppen einteilen. Ich habe derzeit folgende Gruppen: Kontakte, Bekannte, Business, Kolleginnen, Freundinnen, gute Freundinnen, Familie. Die »guten Freundinnen« wären wohl Freundinnen im klassisch-schillerschen Sinne? Nicht unbedingt – denn Schiller sieht den Menschen nur als Mann unter Brüdern mit liebem Vater droben, ausgestattet mit einem Freund und einem holden Weib. Von einer Freund*in* – oder gar Freund*innen* – ist keine Rede. Auch da ist Facebook, obwohl insgesamt noch etwas unbeholfen im Deutschen, doch mit »Jenny will deine Freundin sein« schon ein gutes Stück weiter.

September 2011

Facebookspeak:
Civilians – Die neuen ZivilistInnen

Wir sehen hier in Boston regelmäßig die NewsHour von PBS (*Public Broadcasting Service*). Deren Redaktion ist übrigens ethnisch und gendermäßig ziemlich paritätisch besetzt. Vorgestern sprach NewsHour-Redakteur Ray Suarez mit den GründerInnen der neuen Website »Daily

Download«, Lauren Ashburn und Howard Kurtz, über »Wahlkampf und Facebook: Alte Medien in der Neuen Welt«. Wie üblich sagten alle viel Interessantes, Neues und Wichtiges, das ich wie üblich leider bald wieder vergaß. Aber eins blieb mir im Gedächtnis hängen und beschäftigt mich seither: Die neue Bedeutung des Wortes »civilians« (*ZivilistInnen*), der ich hier zum ersten Mal begegnete.

Ray Suarez fragte, ob sich nach der Rede Mitt Romneys vor der NAACP (*National Association for the Advancement of Colored People*) vor allem »civilians« so lautstark im Netz geäußert hätten oder ob sich auch die beiden Wahlkampagnen, Obamas und Mitt Romneys, beteiligt hätten. Lauren Ashburn antwortete, es seien schon überwiegend »civilians« gewesen, und Howard Kurtz ergänzte, JournalistInnen und AktivistInnen hätten sich aber auch beteiligt. Allen dreien schien das Wort »civilians« in *dieser* Bedeutung völlig geläufig. (Übrigens können Sie das interessante Gespräch ansehen unter: http://www.pbs.org/newshour/bb/politics/july-dec12/election_07-12.html) – und überhaupt lohnt sich ein Besuch der Newshour-Webseite immer.)

Unter *ZivilistInnen* verstand ich bisher Menschen, die »nicht dem Militär angehören und kein Mitglied einer anderen Kampforganisation sind«, wie es das deutsche Wiktionary formuliert. Das Wort »ZivilistInnen« kommt heute in fast jeder Nachrichtensendung vor (natürlich heißt es immer »Zivilisten«), und zwar immer im Kontext von erlittener Gewalt: »Gewalttaten gegen Zivilisten«, »unschuldige Zivilisten getötet«, »Massaker an Zivilisten«.

Üblicherweise sind ZivilistInnen also Opfer, die ohne Absicht in kriegerischen Auseinandersetzungen in Mitleidenschaft geraten sind. Die Opfer Hitlers und des Bombenkriegs waren überwiegend ZivilistInnen. Die

Opfer des Bürgerkriegs in Syrien, von denen wir täglich hören müssen, sind überwiegend ZivilistInnen.

Nun könnte man annehmen, der Bedeutungsbestandteil »unbeteiligt« hätte halt zur Ausdehnung des Gebrauchs von »Zivilisten« geführt – ähnlich wie »Luftschiffe« auf »richtige Schiffe« zurückgehen und »Flughäfen« auf »richtige Häfen«. Aber mich macht es trotzdem nervös, wenn ich plötzlich zur »Zivilistin« werde, nur weil ich mich ohne politische oder wirtschaftliche Agenda im Internet bewege.

Längst kooperieren soziale Netzwerke wie Facebook und Twitter mit Wirtschaft, Politik, Kirche und Militär, die nur zu gern die neuen Informationsströme nutzen, die Facebook- und Twitter-UserInnen über sich verbreiten. Wir, die an politischen und wirtschaftlichen Machtkämpfen »Unbeteiligten«, sind per definitionem die ZivilistInnen. Das sollte uns gründlich zu denken geben, denn es gilt: Je unbeteiligter, desto gefährdeter. Machthaber sorgen immerhin für ihre Armeen, aber nicht für deren unschuldige Opfer.

Die Bezeichnung »ZivilistInnen« für uns »unschuldige« NutzerInnen macht aber auch überdeutlich, welches Bild die Gegenseite von sich hat. Wirtschaft, Politik, Finanzwesen sind Kampfmaschinen. Zumindest verbal machen sie ja auch schon lange kein Hehl mehr daraus. Schier endlos ist die Liste der militärischen Begriffe, die nahezu *flächendeckend* unsere Lebenswelt *erobert* haben. Die Wirtschaftslenker heißen nicht mehr »Manager« wie in gemütlicheren Zeiten, sondern »CEOs« (chief executive *officers*). Sie starten permanent *Offensiven* oder *feindliche Übernahmen*. Die Werbung *bombardiert* uns mit ihren Werbe*kampagnen*. Die Politik liebt ebenfalls *Kampagnen* und ist permanent im Wahl*kampf*, denn nach der Wahl ist vor der Wahl. AnhängerInnen werden *rekrutiert*.

Die, die sich noch nicht haben rekrutieren lassen, sind ZivilistInnen, und es wird ihnen schlecht bekommen. Höchste Zeit für zivilen Ungehorsam.

Juli 2012

Sport

Lichtgestalt Franz Beckenbauer in ihrem Element

»König Fußball«, »Kaiser Franz« – diese majestätischen Titel reichen anscheinend immer noch nicht, um auszudrücken, was die Fußballfans empfinden sollen.

Da derzeit keine an dem Thema vorbeikommt, stieß ich in der letzten Woche zweimal mit dem Wort »Lichtgestalt« zusammen, beide Male war Franz Beckenbauer der Leuchter.

»Lichtgestalt« – das ist nicht mehr zu überbieten! Früher wurde er wohl auch »Fußballgott« genannt, aber da gibt es ja noch viele andere Götter neben ihm, Pelé, Maradona, Beckham, Ballack und wie sie alle heißen. »Lichtgestalt« hingegen scheint Franz Beckenbauer ganz für sich gepachtet zu haben.

Mir soll es recht sein – »Lichtgestalt« ist immerhin ein Femininum und lässt sich, wenn eine es nur richtig anfängt, sehr hübsch einsetzen:

– Unsere Lichtgestalt kümmert sich rührend um ihre Schäfchen, die natürlich vor dem Spiel gegen Australien sehr aufgeregt sind.

– Lichtgestalt Beckenbauer weiß zwar auch nicht, wie das Spiel ausgehen wird, aber ihrer Meinung nach wird es schon klappen.

– Schaun mer mal, sagte unsere Lichtgestalt. Ja, sie bleibt immer total cool.

– Der Lichtgestalt gefiel das Spiel nicht, aber sie ließ sich nichts anmerken. Schließlich ist ihr auch nicht immer alles gelungen.

– Unsere Lichtgestalt, die sensibler ist, als sie aussieht, musste wegen der Tinnitusgefahr dem ohrenbetäubenden Spiel fernbleiben.

Und übrigens: Auch »Koryphäe« oder »Leuchte der Wissenschaft« eignen sich prächtig zum Aufhübschen langweilig-männlicher Idole.

Juni 2010

Lieber Fußball als Männerfußball

Es gibt *Frauenfußball* und *Fußballfrauen*. *Fußballmänner* sagt man nicht, und *Männerfußball* nur dann, wenn von »Frauenfußball« die Rede ist.

Der »Deutschen Fußballnationalmannschaft« ist in Wikipedia ein Eintrag von enzyklopädischer Gründlichkeit gewidmet. Dass es sich bei der Mannschaft, wie schon der Name sagt, um Männer handelt, wird ansonsten nicht weiter thematisiert, so selbstverständlich ist das. Neben dieser *richtigen*, *eigentlichen* Nationalmannschaft gibt es noch die »Deutsche Fußballnationalmannschaft der Frauen«; auch ihr hat Wikipedia einen Eintrag gewidmet, der natürlich viel kürzer ist als der für die Männermannschaft.

In den Medien höre und lese ich in letzter Zeit immer häufiger das Wort *Fußballfrauen* statt etwa *Fußballerinnen* oder *Fußballspielerinnen*. *Fußballdamen* wäre noch ein bißchen kürzer, aber dennoch scheint es out zu sein: zu herablassend. Da hat immerhin die feministische Sprachkritik etwas bewirkt. Auch werden unsere Nationalspielerinnen nicht mehr zu *Fußballmädchen* geschrumpft wie ehedem. *Fußballmädchen* wird reserviert für den weiblichen Fußball-Nachwuchs.

Was ist gegen die Bezeichnung *Fußballfrauen* einzuwenden? Eigentlich nichts, nur symmetrisch ist sie halt nicht. Männliche Spieler heißen schlicht *Fußballer* oder *Fußballspieler*, nicht *Fußballmänner*.

Wörter auf *-mann* bezeichnen oft ungelernte oder dubiose Männerberufe und -machenschaften wie *Milchmann*, *Müllmann*, *Staatsmann*, *Dunkelmann*, *Hintermann* und *Hampelmann*. »Klingelingeling, hier kommt der Eiermann« – solche Lachhaftigkeit passt nicht zu unseren Helden der Nation, die für die nationale Ehre ihre Knochen hinhalten, wie uns immer versichert wird.

Aber »We've come a long way, baby!«. Frauen, denen der DFB noch bis 1973 das Fußballspielen verbot (aus der Begründung des DFB in den 50er Jahren: »Im Kampf um den Ball verschwindet die weibliche Anmut, Körper und Seele erleiden unweigerlich Schaden und das Zurschaustellen des Körpers verletzt Schicklichkeit und Anstand.«), sind inzwischen Weltklasse, besonders die deutschen Spielerinnen. »Second class don't turn me on at all« – die zweite Klasse passt uns überhaupt nicht mehr.

Der heutige Präsident des DFB, Theo Zwanziger, gibt offen zu, dass Frauen besseren Fußball spielen als Männer: »[weil sie] fairer miteinander spielen, weil sie respektvoller miteinander umgehen, weil sie nicht diese knüppelharten Zweikämpfe führen, weil da nicht die brutalen Fouls passieren.« (Siehe: http://www.gruene-jugend.de/node/13124.)

Was können wir tun, damit die Besseren nicht mehr wie Zweitklassige behandelt werden?

Wir könnten z.B. die Fußballstatuten dahingehend revidieren, dass eine Fußball-Nationalelf selbstverständlich die Nation repräsentieren sollte, sonst verdient sie ja den Namen nicht. Die Nation besteht bekanntlich zu 52 % aus Frauen. Die Nationalelf sollte also aus 6 Frauen und 5 Männern bestehen. Wie bei einem »Mixed«, einem gemischten Doppel im Tennis oder Badminton, über das uns Wikipedia wie folgt belehrt:

> Beim Mixed wird in der Regel das Spielsystem gegenüber dem Herren- bzw. Damendoppel verändert, um die geschlechtsspezifischen Besonderheiten besser einsetzen zu können (z. B. mehr Muskelkraft des männlichen Teamspielers). So besetzt z. B. beim Badminton der Mann im gemischten Doppel primär die Angriffsposition im hinteren Teil des Spielfeldes.

Wie üblich werden hier zwar nur die Stärken des männlichen Spielers erwähnt, die weiblichen existieren aber durchaus: Theo Zwanziger hat sie für den Fußball oben aufgezählt.

Eine gemischte Nationalelf könnte auch unsere Fußballmänner auf Weltmeista-Niveau (feministisch für: »Weltmeisterinnen-Niveau«) bringen. Für die Spielerinnen hätte die Regelung den Vorteil, dass sie endlich für voll genommen würden und dieselben Privilegien einfordern und genießen könnten wie die Männer.

Für das weibliche Fanvolk ergäbe sich das seltene Schauspiel, dass Frauen von Männern einmal gleichberechtigt behandelt würden. Denn wenn es um das gemeinsame Gewinnen geht, hilft nur bedingungslose Kooperation, egal welche Gefühle mann außerhalb des Spiels für die Teamkameradin hegen mag.

Wird uns das nicht immer als leuchtendes Beispiel vorgehalten: Die Jungs lernen den Teamgeist schon als Kleinkinder auf dem Bolzplatz und stellen damit die Weichen für ihren Erfolg im Leben, Mädchen hingegen lernen es nie, denn die Fußball-Jugendkultur ist uns verwehrt (nicht mehr, es bessert sich allmählich, aber dennoch …).

Nach dem beliebten Top-Down- oder Trickle-Down-Prinzip hätte eine Neuregelung Konsequenzen von der

Bundesliga bis in den letzten Vorstadt-Fußballverein. Soll eine Nationalelf herangebildet werden, muss der weibliche Nachwuchs genauso gefördert werden wie der männliche – eine Zeitlang sogar mehr, bis die jahrzehntelange Bevorzugung der Jungs kompensiert ist.

Goldene Zeiten stünden uns bevor: Eine ganze fußballverrückte Nation könnte buchstäblich von Kindesbeinen an zu echter Gleichberechtigung erzogen werden – einfach, weil sonst kein Gewinn zu erzielen ist. Das gilt zwar überhaupt und in jeder irgendwie relevanten Hinsicht – aber so begreifen sie es vielleicht besser.

Die Jungs täten gut daran, sich für dieses Modell des Mixed-Fußballs noch rechtzeitig zu begeistern. Sonst ziehen die Besseren endgültig an ihnen vorbei zu immer neuen Höhen der Spielkunst und Faszination – und sie bleiben auf ihren »brutalen Fouls« sitzen. Wir hätten dann eine »Fußball-Nationalelf« (weibliche Profis) und daneben eine »Fußballnationalmannschaft der Männer« (mit Amateurstatus).

Juni 2011

Eine Ruderin schlägt Wellen

Gestern waren Berit, Angelika, Charlotte und ich in einem Orgelkonzert in der Marktkirche; hinterher feierten wir das Wiedersehen mit Charlotte noch im *Extrablatt* mit geistigen Getränken, Pizzen und Süßkartoffelchips.

Charlotte erzählte, sie hätte nachmittags am Maschsee eine Ruderin erblickt. Wir fanden alle, das sei ein sehr komisches Wort. Ob es vielleicht nicht eher »Rudererin« heißen sollte? »Hast du sie gefragt, wie sie sich nennt?«

fragte ich Charlotte. Und Charlotte entgegnete, ganz ernsthaft, nein, das wäre nicht gegangen, da die Ruderin mitten auf dem See am Rudern war. Wir lachten alle.

Tatsächlich ist aber »Ruderin« eigentlich nichts Besonderes. Die sogenannte »weibliche Form« muss ja sowieso alle möglichen Veränderungen der männlichen Grundform »erleiden«. Manchmal bekommt sie einen Umlaut: *Ärztin, Anwältin, Gräfin* – und warum nicht *Fotogräfin*, bitte schön? Manchmal verliert sie ein »e«: *Schwedin, Beamtin, Gattin, Genossin*. Manchmal bekommt sie den Umlaut UND verliert ein »e«: *Französin*. Und manchmal verliert sie eben ein *-er: Bewunderin, Kletterin, Märtyrin, Stotterin, Ruderin, Wanderin, Zauberin, Zauderin, Zimmerin*.

Natürlich kann frau den Vorgang auch ganz anders analysieren: Die Frau »verliert« kein *-er*, das sie von allem Anfang an gar nicht gebraucht und gewollt hat. Die scheinbaren Ausnahmen à la *Ruderin*, *Kletterin* und *Wanderin* können so zum Vorbild für die gesamte Klasse der Maskulina auf *-er* werden. Frau setzt ihr *-in* gleich an den Wortstamm, genau wie mann mit seiner Endung *-er* verfährt:

der Lehrer, die Lehrin
der Kassierer, die Kassierin
der Arbeiter, die Arbeitin
der Anfänger, die Anfängin
der Verkäufer, die Verkäufin
der Informatiker, die Informatikin
der Ober, die Obin [zugegeben, »ob« ist nicht der Wortstamm, aber macht nix]

Eine Lösung, für die frauenbewegte Sprachkritikerinnen bzw. -kritikinnen schon lange plädieren – sie fiel uns gestern nur nicht gleich ein, vielleicht wegen der geistigen Getränke. Ihr entscheidender Vorteil ist, dass das

Gerede vom Mitgemeintsein endlich passé ist. Die Formen sind so neu und »unerhört«, dass niemand behaupten wird, die Frauen seien jeweils mitgemeint.

Statt »Liebe Hörerinnen und Hörer«, das sowieso zunehmend zu »Liebe Hörer und Hörer« verkommt, hieße es also demnächst »Liebe Hörinnen und Hörer«. Und das uralte Problem »Wie reden wir bloß die Kellnerin bzw. Kellnin an?« wäre auch vom Tisch. Wir sagen »Frau Obin, bitte zahlen« – und geben der Verdutzten wegen der gewöhnungsbedürftigen Anrede ein fürstinliches Trinkgeld.

Gestern waren wir mit unseren von der »Ruderin« ausgelösten Überlegungen so weit noch nicht gediehen. Wir redeten die nette Kellnin wieder mit gar nichts an und baten sie, ein Gruppenfoto von uns zu machen. Das Foto, wenngleich notgedrungen ohne Ruderin und Obin, ist sehr hübsch geworden, finden wir.

Juni 2012

Die Olympiade, Microsoft
und gerechte Sprache

Heute, am Sonntag, 29. Juli 2012, lese ich bei Spiegel Online die Seite über die »wichtigsten Wettkämpfe des Tages«:

Sie beginnt mit einer sexistischen Würdigung der Gewichtheberin Julia Rohde, die allerdings als Kompliment gemeint ist:

> Sie gehört zu den hübschesten Sportlerinnen im deutschen Olympia-Team – und zu den stärksten. Julia Rohde ist gerade einmal 1,55 Meter groß, knapp 53 Kilogramm schwer und kann fast 200 Kilogramm in die Höhe wuchten. Die 23-Jährige ist eine von zwei deutschen Gewichtheberinnen, die in London am Start sind. Vor allem aber ist sie die wohl attraktivste Vertreterin ihrer Sportart und damit ein Gegenentwurf zu ihren oft maskulin wirkenden Kolleginnen.

Julia Rohde wird gelobt – auf Kosten aller anderen Gewichtheberinnen. Wir kennen die Taktik des »Teile und herrsche« seit Jahrzehnten, um nicht zu sagen Jahrhunderten – insofern wäre das in meinem Blog keiner weiteren Erwähnung wert.

Aber dieser Artikel hat noch einige andere Eigenschaften, und die sind doch interessant und – für den *Spiegel* – relativ neu. Zum Beispiel kommt das im Sport so beliebte Wort »Mannschaft« nicht mehr vor – stattdessen heißt es durchgehend: »Team«. Außerdem ist mann dem Charme des Schrägstrichs erlegen und schreibt tatsächlich:

> Die deutschen Basketballer/innen haben sich übrigens nicht für die Spiele in London qualifizieren können. Die Fußballer/innen auch nicht, ebenso wenig die Handballer/innen.

Dergleichen habe ich im *Spiegel* noch nie gelesen – was allerdings nicht soo viel heißen will, denn ich lese ihn möglichst selten. Den hämisch-sexistischen *Spiegel*-Grundton vertrage ich nicht. Wahrscheinlich verdanken wir die neue Sprachgerechtigkeit auch nur dem betrüblichen Inhalt. Basket-, Fuß- und Handballer haben es nicht geschafft. Schon besser, diese Schmach deutlich auch den Frauen zuzuschreiben.

An sich ist der Schrägstrich ja passé und hat dem Binnen-I Platz gemacht (was ich von dem Unterstrich halte, habe ich in meiner Glosse »Brauchen wir den Unterstrich?« aufgeschrieben (s. http://www.fembio.org/bio graphie.php/frau/comments/brauchen-wir-den-unter strich-feministische-linguistik-und-queer-theory-teil/). Aber immerhin – wir freuen uns.

Vielleicht hat der *Spiegel* seinen »gendergerechten« Text durch ein Hilfsprogramm laufen lassen, das Microsoft Deutschland am 24. Juli in einer Pressemitteilung bekanntmachte. In der steht u. a. zu lesen:

Gendergerechte Schreibweise ist in Verwaltung, Wissenschaft und Wirtschaft etabliert, der richtige und durchgängige Gebrauch aber oftmals aufwendig. In diesem Gender-Dschungel unterstützt Microsoft die Nutzerinnen und Nutzer mit einem Gendering-Add-In für Microsoft Office Word. In der Verwaltung der österreichischen Bundesregierung ist die Software bereits erfolgreich im Einsatz und ermöglicht Autorinnen und Autoren beim Verfassen von Texten eine einfache und schnelle Überprüfung der geschlechtergerechten Schreibweise in Textdokumenten. Das Tool wird von Microsoft unter einer Open-Source-Lizenz auf der Online-Plattform »CodePlex« kostenfrei bereitgestellt. Dadurch können EntwicklerInnen das Modul plattformübergreifend erweitern und den Anforderungen verschiedener Systeme anpassen.

Ich habe natürlich gleich versucht, das Gendering-Plug-in meinem MS-Word-Programm einzuverleiben – nicht weil ich gendergerechte Schreibweise »aufwendig« fände, sondern um das »Tool« auszuprobieren. Es ist mir bisher nicht gelungen; dem Mac verweigert sich das Tool noch. Ich bleibe dran und werde weiter berichten.

Einstweilen will ich nur meine Zufriedenheit darüber kundtun, dass Microsoft höchstselbst kein Tool zur »automatischen Entfernung des Binnen-I« entwickelte, sondern das Gegenteil. Das überflüssige Tool »Binnen-I be gone« gibt es schon eine Weile; kommentieren und dadurch bekanntmachen mochte ich es bisher nicht. Nun hat es in Microsoft endlich seine Meisterin gefunden.

Juli 2012

Tierleben

Die Mutation der Drohne

Drohnen sind männliche Bienen, deren einziger Lebenszweck die Begattung von Bienenköniginnen ist. Sie werden im Bienenstock von den emsigen weiblichen Arbeitsbienen durchgefüttert, bis sie zu ihrem »Hochzeitsflug« aufbrechen, bei dem sie ihr Leben verlieren, wenn es ihnen gelingt, eine Königin zu »begatten«. Trotz ihrer tragischen Anmutung haben Drohnen einen schlechten Ruf:

> Die männlichen Drohnen sind eigentlich für das Bienenvolk zu nichts zu gebrauchen. Sie sind genetisch halbe Portionen, plump gebaut und etwa 13 bis 16 Millimeter lang mit großen Facettenaugen. Drohnen lungern mit ihren großen Augen und Antennen dröge im Bienenstock herum, übernehmen keine Arbeit und lassen sich füttern. Drohnen dienen eigentlich nur zur sexuellen Befriedigung junger und jungfräulicher Königinnen. Bis zu 20 Drohnen begatten eine Königin beim Hochzeitsflug – dann sterben die Drohnen sofort; eigentlich ist das Drohnenleben doch ein kleiner schwarz-gelb gestreifter Männertraum. (Siehe: http://suite101.de/article/honigbienen-koenigin-biene-maja-drohne-willi-a51865#axzz2ILqf72M9)

Die zweite Bedeutung von »Drohne« – Nichtstuer und »faule Nesthocker« – leitet sich ab von dieser abschätzigen Beurteilung des Drohnenlebens.

Nicht geklärt ist, warum die männliche Biene mit dem exklusiv männlichen Lebenszweck ausgerechnet »die« Drohne heißt – nach männlichem Normalempfinden doch eine ehrenrührige Einordnung. Vermutet wird, dass es einfach eine Angleichung an das Femininum »die Biene« sei. Die Fachsprache der Imkerei bevorzugt »der Drohn«. *Drohne/Drohn* ist also ein interessantes Pendant zu der feministischen Erfindung *Matrone/Matron*.

Die dritte Bedeutung von »Drohne« ist: unbemannter Flugkörper, der zu Überwachungs- und anderen militärischen Zwecken eingesetzt wird. Militärische Drohnen sind ein rasanter Wachstumsmarkt, die Anzahl der Drohnen und der dafür ausgegebenen Summen wächst seit 9/11 exponentiell.

In vielen Wörterbüchern, die älter als zehn Jahre sind, gibt es die militärische Bedeutung noch nicht (eine Ausnahme ist *Das Große Duden-Lexikon* von 1969). In Online-Wörterbüchern finden sich hingegen alle drei Bedeutungen.

Mich interessiert die Frage, wieso die unbemannten Flugkörper, auch UAVs (*unmanned aerial vehicles*) oder RPVs (*remotely piloted vehicles*) genannt, nach den männlichen Bienen benannt wurden. Darüber habe ich – außer in Gunhild Simons Blog – nirgends etwas finden können. Sie schreibt:

Drohnen sind im Bienenstaat die einzigen, die keinen Stechapparat haben. Das heißt, sie sind unbewaffnet und wehrlos. Jede Arbeiterin kann sie totstechen.
Drohne klingt deshalb weniger bedrohlich als bewaffneter Roboter für einen unbemannten, bodengesteuerten Waffenträger.
In diesem Zusammenhang ist Drohne ein Euphemismus.
Drohnen heißen die unbemannten Flugkörper offenbar wegen ihrer Objekthaftigkeit, fehlenden Entscheidungsfähigkeit und Fremdgesteuertheit. (Siehe: http://

www.blog1.institut1.de/drohne-metapher-fur-einen-flugroboter/.)

Das klingt einleuchtend, aber es gibt noch eine bessere Erklärung: Die ersten Drohnen waren in den 30er Jahren die ferngesteuerten Modellflugzeuge des US-Amerikaners Reginald Denny; er taufte sie »Dennymites«. Sie dienten der Flugabwehr als mobile Ziele zum Training. Ihr Daseinszweck erfüllte sich im Abgeschossenwerden. Außerdem summten sie (engl. *to drone*) wie Insekten. Was lag also näher, als sie *drones* zu nennen nach den ebenfalls bei Erfolg todgeweihten männlichen Bienen, den »drones«?

Inzwischen wurde die Drohne mächtig aufgerüstet. Ferngesteuert wird sie weiterhin, z. B. von Nevada aus, während sie in Afghanistan versehentlich ZivilistInnen oder im Jemen Al-Kaida-Führer tötet. Aus dem alten heroischen Kampf Mann gegen Mann ist also ein ziemlich heimtückisches und für den Angreifer risikoloses Morden geworden. Der Unterschied zu den Massenmorden mit Giftgas im ersten und den Massenmorden mit Bombenteppichen und Atombomben im zweiten Weltkrieg ist der, dass die mit Hightech-Instrumenten und -Waffen bestückte Drohne ihr Ziel präziser einkreist, ortet, erkennt und trifft. Außerdem kann sie bis zur Unsichtbarkeit miniaturisiert werden.

Kurz, die plumpe, todgeweihte Drohne, der »faule Nesthocker«, ist zum Ungeheuer mutiert, das auf dem besten Weg ist, der Fluch des 21. Jahrhunderts zu werden.

Oktober 2011

Büffelmilch oder Die dominante Kuh

Letzte Woche war ich mal wieder auf dem Bauernmarkt, der samstags auf dem Moltkeplatz stattfindet. Ich erstand ein Stück Käse Marke »Prinz von Eilte« und einen »Bauernstrauß« aus Weidenkätzchen, Grünzeug und Tulpen. An dem Stand für den Bauernkäse aus Eilte wurde als besondere Spezialität des Hauses Büffelkäse angeboten, Käse aus Büffelmilch.

Ich hätte lieber »Prinzessin von Eilte« und einen »Bäuerinnenstrauß« auf dem »Bäuerinnenmarkt« am Hedwig-Dohm-Platz gekauft, aber ich nahm es hin wie so vieles Hässliche in unserer Männerwelt. Aber Büffelmilch – das war zu viel. Seit wann geben denn Büffel Milch?

Bei »Büffel« denke ich an riesige Büffelherden wie sie früher die amerikanische Prärie zertrampelten, und an die »Ewigen Jagdgründe«, in denen Indianer sich auf ewig der Büffeljagd hingeben. Kurz, ich denke an die mannhaften Bücher von Karl May, die mein Bruder mir aus dem Gymnasium (nur für Jungen) mitbrachte und die ich als kleines Mädchen mitlesen durfte. Sein Gymnasium hieß »Gymnasium«, meins »Mädchengymnasium«. Ich durfte dann, als seine »Squaw« (gesprochen Squaff), auch bei seinen Indianerspielen mitmachen. Diese Rolle war so beschränkt, dass die Jungs bald ohne Squaff auskommen mussten.

Die Büffel aus dem Wilden Westen Winnetous und Old Shatterhands gaben sicher keine Milch, lächerlich! Eigentlich sind das ja auch Bisons.

Noch nie hatte ich über »Büffelmilch« nachgedacht, obwohl ich wohl schon gehört hatte, dass echter Mozzarella aus »Büffelmilch« hergestellt wird. Mozzarella aus Kuhmilch gibt es auch, ist auch viel billiger, aber das Wahre ist das nicht.

Wenn wir von Milch sprechen, meinen wir Kuhmilch. »Kuhmilch« ist ein komisches Wort, genau wie »Herrenwahl« – beim klassischen Gesellschaftstanz die Norm und daher nicht extra benannt. *Ziegenmilch* und *Schafsmilch* sind normale Wörter, weil sie die nicht normale Milch bezeichnen, ähnlich wie »Mädchengymnasium« das nicht normale Gymnasium.

Ziegen- und Schafböcke geben keine Milch. Woher nun aber die Büffelmilch, dies seltsame Gesöff?

Der echte Mozzarella aus Büffelmilch heißt *Mozzarella di Bufala da Campana* = Mozzarella von der Bufala aus der Campana. Büffelmilch ist also eine Fehlübersetzung. Weil wir für das weibliche Büffeltier kein richtiges Wort haben. Büffelinnenmilch? Das klingt irgendwie nach Ziegenböckinnenmilch.

Und was schreibt die Eilter Bauernkäserei über die Bufala?

Trixie ist die Größte, aber auch die Sanftmütigste, Elisabeth ist am zickigsten, Emilia eher schüchtern, Capri hingegen sehr anlehnungsbedürftig, Chianti ganz normal und Hexe frech. Amanda spielt gerne Chefin, aber immerhin gibt sie auch die meiste Milch. Milch?? Wer nun dachte, es ginge um eine Schulmädchenbande, hat nicht gerade einen Volltreffer gelandet – hier ist die Rede von Wasserbüffeln. Diese schwergewichtigen Damen gehören zur 40-köpfigen Herde des Biohof Eilte und liefern die Milch für den Bio-Mozzarella, der seit 2005 in der hofeigenen Käserei gefertigt wird. Diesen und weitere Leckereien der Eilter Käserei zu kosten und obendrein die Wasserbüffel zu besichtigen – das bieten wir in unserer »Büffeltour« an: dabei geht es zünftig auf die Büffelweide zu einer unsere Herden, bei der allerdings nicht Amanda, sondern der 1000 kg-schwere Zuchtbulle souverän das Sagen hat … Achso, ob der Bulle auch einen Namen hat? Natürlich: Artur, der ist übrigens am friedlichsten … (Siehe: http://www. eilter-bauernkaese.de/wasserbueffeltour.html

39 »Büffeldamen« und ein Büffelzuchtbulle ergeben zusammen eine »Büffelherde«. Irgendwie kommt mir diese Sprachregelung bekannt vor …

Dass der Zuchtbulle das Sagen hat, bezweifle ich. Denn »*der* Büffel« lebt wie »*der* Elefant« in matriarchalisch organisierten Gruppen:

> Da es in Asien fast nur noch domestizierte Wasserbüffel gibt, hat man das Verhalten dieser Tiere vor allem bei ausgewilderten Büffeln im Norden Australiens studiert. […] Wasserbüffel leben hier in Familiengruppen von dreißig Individuen, die von einer alten Kuh angeführt werden. Die Herden bestehen aus Weibchen und ihren Jungen. Junge Weibchen bleiben für gewöhnlich bei der Herde; jüngere Männchen werden dagegen im Alter von zwei Jahren aus der Herde vertrieben. Die Bullen werden nach einer Übergangszeit in Junggesellenverbänden, die jeweils etwa zehn Individuen umfassen, zu temporären Einzelgängern, schließen sich aber alljährlich zur Paarungszeit … einer Herde an. Die dominante Kuh behält auch in dieser Zeit die Führung der Gruppe und jagt nach dem Ende der Paarungszeit die Bullen davon. (Wikipedia)

Allmählich klärt sich das patriarchal verzerrte Bild. Es gibt verschiedene Rinderrassen, dazu gehören der nordamerikanische Bison, der asiatische Wasserbüffel und unser Hausrind, das vom Auerochsen abstammen soll. Bei den Rindern heißen die weiblichen Tiere Kühe, die männlichen Bullen. Beim Hausrind verzichten wir auf den Vorspann »Rinder-« und sagen nicht Rinderkuh, sondern einfach Kuh. Und statt »Rinder« sagen wir auch schon mal ganz einfach »Kühe«, die Bullen sind dann herzlich mitgemeint. Bei den »exotischeren« Rassen wie »Wasserbüffel« und »Bison« sprechen wir von Büffelkuh und Bisonbulle. Und wie es halt so üblich ist in der männlichen Weltordnung, werden die Rassen, je größer und wilder sie sind, umso lieber als männlich bezeichnet – egal, ob ihre eigene Rangordnung genau entgegengesetzt ist, wie bei den Rindern und Elefanten. Und so kommt es dann zu der ominösen Büffelmilch, die uns zwar fatal an Ziegenbockmilch erinnert, aber trotzdem die Grundlage zu sehr wohlschmeckendem Käse ist.

Frauen werden ja oft als »Kühe« beschimpft. Tatsächlich haben wir mehr mit Kühen gemeinsam, als die meisten von uns wissen wollen. Das hat schon Charlotte Perkins Gilman vor über hundert Jahren ein für alle Mal bündig festgestellt. In ihrem Buch *Frauen und Wirtschaft* verglich sie 1898 die Stellung der Frau mit der von Kühen:

> Die wilde Kuh ist weiblich. Sie hat gesunde Kälber und genügend Milch für sie. Und mehr Weiblichkeit braucht sie nicht. Abgesehen davon ist sie eher rindlich als weiblich. Sie ist ein schlankes, starkes, schnelles Tier, fähig zu rennen, zu springen und wenn nötig zu kämpfen. Wir haben, aus ökonomischen Gründen, die Fähigkeit der Kuh, Milch zu produzieren, künstlich weiterentwickelt. Sie ist zur lebenden Milchmaschine geworden, gezüchtet und gehalten nur zu diesem Zweck; ihr Wert wird in Litern gemessen.

Wird aber die Kuh ausgewildert, wie in Australien geschehen, zeigt sich ihre wahre Natur. Sie wird zur Domina: »Die dominante Kuh behält auch in [der Paarungszeit] die Führung der Gruppe und jagt nach dem Ende der Paarungszeit die Bullen davon.« Brava, bufala!!

März 2012

Weltpolitik

Mao wollte zehn Millionen Chinesinnen loswerden

Als wir uns noch richtige Briefe schrieben statt Mails, konnten wir das Briefpapier für allerlei Zusatzbotschaften nutzen. Helke Sander schrieb ihre Briefe manchmal auf der Rückseite der Fotokopie eines Artikels über Mao und Kissinger: Alle sollten wissen, was diese beiden Herren über Frauen dachten, was Politiker über Frauen denken. Beim Aufräumen fiel mir so ein Brief wieder in die Hände.

Heute gibt es andere Methoden zur Verbreitung von Wissen, deshalb schreibe ich diese Glosse. Frau findet die Original-Artikel zwar leicht im Internet – aber welche von uns kommt schon darauf, die drei Suchworte »Mao«, »Kissinger« sowie »Frauen« bzw. »women« zu googeln? Ich tat es nun – und wurde sofort fündig:

Ekkehart Krippendorff beschrieb die unglaubliche Episode in seiner *Kritik der Außenpolitik* (2000), die *Welt* und die *Presse* berichteten acht Jahre später wieder darüber. Und das englischsprachige Internet ist sowieso voll davon. Ich zitiere jetzt aber aus dem Artikel aus der *Süddeutschen*, den Helke mir vor 10 Jahren schickte (das genaue Erscheinungsdatum konnte ich nicht eruieren):

> *Mao*: Sie wissen, dass China ein sehr armes Land ist. Wir haben nicht viel. Was wir im Überfluss haben, sind Frauen. (Gelächter).
> *Kissinger*: Auf die haben wir keine Quoten oder Zölle.

Mao: Also wenn Sie sie haben wollen, dann können wir Ihnen ein paar geben, ein paar Zig-Tausend. (Gelächter). [...] Laßt sie zu Euch kommen. Sie werden Katastrophen anrichten. So könnt Ihr uns Lasten abnehmen. (Gelächter). Wollt Ihr unsere chinesischen Frauen? Wir können Euch zehn Millionen geben.

Kissinger: Der Vorsitzende verbessert sein Angebot.

Mao: Wir können sie Euer Land mit Katastrophen überschwemmen lassen und so Euren Interessen schaden. Bei uns gibt es zu viele Frauen. Sie gebären Kinder, und wir haben doch zu viele Kinder.

Kissinger: Das ist ein neuartiger Vorschlag, und wir müssen ihn prüfen.

Mao: Ihr könntet ein Komitee einrichten, um diese Frage zu untersuchen. So löst Ihr Besuch in China die Bevölkerungsfrage.

Kissinger: Wir sind natürlich bereit, sie anzunehmen.

Mao und Kissinger einigen sich nach dem Gespräch, das Protokoll des Treffens zu veröffentlichen, aber »Das mit den Frauen wird gestrichen«.

Heute, 37 Jahre später, herrscht wegen gezielter Abtreibung weiblicher Föten in China ein verheerender Frauenmangel bzw. Männerüberschuss. Der Frauenhandel blüht, massenweise werden Frauen aus angrenzenden Ländern entführt.

Seit der bis dahin geheim gehaltene Text 1999 veröffentlicht wurde, haben viele Menschen ihn kommentiert. Kein einziges Wort habe ich aber über den auffälligsten Aspekt gelesen: Dass Maos Verachtung der eigenen weiblichen Bevölkerung auf einem fundamentalen Denkfehler beruht. Auch chinesische Frauen würden keine Kinder bekommen, wenn sie nicht zuvor geschwängert würden, von Männern, oft gewaltsam. Ein

Mann kann endlos viele Kinder zeugen, eine Frau nur vergleichsweise wenige gebären.

Mao hätte den USA also nahezu die gesamte männliche Bevölkerung andienen müssen, sich selber eingeschlossen. Erst so wäre sichergestellt, dass in China weniger Kinder geboren werden.

Kissinger und Mao mögen entgegengesetzten politischen Systemen angehört haben, hinsichtlich ihrer Frauenverachtung aber unterschieden sie sich nur wenig. Eben waschechte Mitglieder des old boys' network.

Manche schreiben, Kissinger habe Maos krudem Vorschlag nicht widersprochen, weil er Diplomat war. Ein Diplomat verhält sich diplomatisch und platzt nicht gleich mit der eigenen Meinung heraus.

Ob der mit 15 Jahren vor den Nazis geflohene Kissinger nicht doch widersprochen hätte, wenn Mao ihm 10 Millionen Juden angeboten hätte, weil die in seinem Land nur Schaden anrichteten?

Aber so weit wäre es wohl gar nicht erst gekommen, denn Mao hätte selbstverständlich auf die Gefühle seines hohen Gastes Rücksicht genommen. Mann ist ja kein Unmensch.

Januar 2010

Gegen die »korrigierende Vergewaltigung«

Ich bekomme viele Emails, die mich auffordern, gegen Missstände zu protestieren und für wichtige Anliegen einzutreten. Viele Aufrufe bekomme ich gleich mehrfach. Letzte Woche wurde ich insgesamt 16-mal gebeten, gegen die sogenannte »korrigierende Vergewaltigung« (»corrective rape«) in Südafrika zu protestieren.

Ich hatte das schon getan, genau wie vor mir Hunderttausende andere.

Falls Sie noch nicht protestiert haben, können Sie die entsprechende Seite von Avaaz.org gleich aufsuchen und mit unterzeichnen und den rasanten Zuwachs an Stimmen live beobachten. (Sie können bei der Gelegenheit auch gleich die Kampagne »Stand with the people of Egypt« unterzeichnen.) Ein kleiner Trost.

Nie zuvor bekam ich so viele Weiterleitungen eines Aufrufs; nie zuvor waren die begleitenden Kommentare so erschüttert und angewidert. Offenbar hatte die Nachricht die Weitersenderinnen unvorbereitet getroffen, sie hatten von diesen Gräueln noch nie gehört.

Joey Horsley hat allerdings bereits vor einem Jahr im Vorwort zu unserem Buch *Frauengeschichten* auf die Untaten in Südafrika hingewiesen. Sie schreibt:

> Wir leben in einer Zeit wachsender Akzeptanz gleichgeschlechtlicher Beziehungen, zumindest im Westen. […] Aber mit der größeren Sichtbarkeit kommt auch die negative Reaktion, der backlash. In Südafrika, wo die Rechte von Lesben und Schwulen im Grundgesetz verankert sind, werden Lesben »zwecks Umpolung« von Männerbanden gekidnappt und vergewaltigt. (S. 7)

Und sie verweist auf den Artikel von Rebecca Harrison vom 9. März 2009: »South African gangs use rape to ›cure‹ lesbians« (s. http://de.reuters.com/article/world News/idUSTRE52C3MN20090313).

Die barbarische Praxis ist also schon jahrelang im Gange und seit mindestens zwei Jahren bekannt – wie schön, dass Avaaz.org nun eine Kampagne startet nach den vielen Rettungsversuchen für Bienen, das Klima und wer weiß was noch.

Trotzdem: Besser spät als nie.

Die »korrigierende Vergewaltigung« ist nicht etwa eine Erfindung der kruden Neuzeit oder Südafrikas. Der aufgeklärte Westen fand auch schon immer, dass eine Lesbe nur mal gut durchgefickt werden müsste, um zur Vernunft gebracht zu werden. Wenn nötig, muss lesbe eben zu ihrem Glück gezwungen werden.

Was aber ist mit den armen Schwulen? Wo finden sich die selbstlosen Frauengangs, die sie mal »gründlich durchficken« und durch aufopfernden Körpereinsatz zu guten Heterohs umfunktionieren? Wo bleibt die korrigierende Vergewaltigung für Schwule?

Solche Frauengangs gibt es nicht. Die Vergewaltigung von Männern als Volkssport hat unter Frauen noch nicht recht Fuß fassen können.

Wie wäre es dann ersatzweise mit »korrigierender Kastration«?

Alles zu unsicher, scheint mann in Uganda zu denken. Besser kurzen Prozess machen: Todesstrafe für Lesben und Schwule.

Tatsächlich plante Uganda die Einführung der Todesstrafe für Lesben und Schwule; auch dagegen hat Avaaz. org eine Kampagne gestartet.

Das Ergebnis dieser mittelalterlichen Politik in Uganda ist die Anerkennung des Lesbisch- oder Schwulseins als Asylgrund in westlichen Staaten. Aktuell ist der Fall Brenda Namiggade in London. Man glaubt ihr nicht, dass sie lesbisch ist. Nun – wie soll sie das beweisen? Ein delikates Problem. Ihr Anwalt betont mit Recht, dass das nun gar keine Rolle mehr spielt. Eben wegen der Diskussion in den Medien sei ihr Leben auf jeden Fall in Gefahr, würde sie nach Uganda abgeschoben.

Wenn diese arme Ugandarin nun in England als Lesbe Asyl bekommt, ist damit ihr Problem natürlich nicht gelöst. Jederzeit kann es auch braven Briten einfallen, sie mal »gut durchzuficken«, egal aus welchem Grund. Frausein genügt.

Zwar mag England für eine Frau/Lesbe im Moment sicherer erscheinen als Uganda oder Südafrika. Oder Afghanistan. Pakistan. Kongo. Mexiko. Indien. Sudan. Iran. Etc.

Aber gegen die »Heimatlosigkeit der Frau im Patriarchat« (Christa Mulack) hilft auf die Dauer nur Power: intelligente Bevölkerungspolitik, Abbau des Männerüberschusses* durch korrigierende Abtreibung (corrective abortion). Weniger ist mehr.

Januar 2011

Demikratiebewegung:
In Ägypten revoltieren junge Männer
gegen alte Männer

Ein Bild aus der *New York Times* mit der Unterschrift »Hundreds of Thousands of people packed Tahrir Square on Friday« zeigt eine Männermenge.

Besteht »das ägyptische Volk« nur aus Männern? Frauen sah ich unter diesen Hunderttausenden »people =

---

* Statistisch gesehen fehlten im Jahre 2007 70 Millionen Frauen. Inzwischen dürften es wieder etliche Millionen mehr sein. Schuld sind die selektive Abtreibung weiblicher Föten, besonders in China, die gezielte Benachteiligung von Mädchen und Frauen (schlechtere Ernährung, Hygiene, Gesundheitsfürsorge usw.) und die Verbrechen der Männer gegen Mädchen und Frauen (Sexindustrie). (Vgl. *Das Schwarzbuch zur Lage der Frauen: Eine Bestandsaufnahme* [= *Le livre noir de la condition des femmes*]. Hg. von Christine Ockrent. Aus dem Franz. von Enrico Heinemann. München, Zürich 2007.)

Leuten/Menschen« nicht eine einzige. Auch auf den vielen anderen Bildern, die uns erreichen, sehen wir keine Frauen oder nur ganz wenige. Aber alle Welt spricht von einem Aufstand, einer Revolution des ägyptischen **Volkes** und von einer **Demokratie**bewegung. Was für ein Etikettenschwindel. *Demos* (griech.) heißt »das Volk«. Womit wir es hier zu tun haben, ist höchstens eine **Demi**kratiebewegung (von frz. *demi* »halb«)

Treibende Kraft der Unruhen sind junge Männer, hören wir. Männer, die keine Arbeit haben und keine Aussichten, ein lebenswertes Leben zu führen. Wenn nicht alle Mädchen abgetrieben oder umgebracht worden sind, müsste diese Aussage auf genau so viele junge Frauen zutreffen: Arbeitslos und ohne Chancen. Warum gehen die nicht auf die Straße? Die Männer, die wir in den westlichen Medien zu sehen bekommen, wurden von Frauen geboren, die ihrerseits auch Mädchen geboren haben. Wo sind all diese Frauen und Mädchen?

Das Erschütterndste aber ist, dass das eklatante Fehlen der Frauen fast niemals in den westlichen Nonstop-Berichten über die Unruhen in Ägypten thematisiert wird. Ähnlich wie ja den meisten Menschen im Westen das eklatante Fehlen der Frauen in fast allen Machtpositionen auch kaum auffällt.

Die eine Ausnahme ist, wieder mal, Alice Schwarzer. Sie macht den Mund auf und warnt, wie immer, vor blauäugiger westlicher Revolutionsseligkeit. Sie erinnert an den Iran: wie damals vor 32 Jahren auch ein verhasster Diktator vom Volk gestürzt wurde und wie danach die Islamisten ihren hundertmal schrecklicheren Gottesstaat errichteten. Haben wir Marjane Satrapis Film *Persepolis* alle schon wieder vergessen, der genau diese Pervertierung der iranischen Revolution zum Thema hat?

Schwarzer erinnert daran, dass die Gefahr auch jetzt wieder besteht – und verurteilt die Einäugigkeit der westlichen Berichterstattung, die von »Demokratiebewegung« spricht, obwohl die Hälfte des Volkes ihr fernbleibt oder ferngehalten wird. Aber der Etikettenschwindel hat ja Tradition. Im alten Griechenland, gern »Wiege der Demokratie« genannt, durften nur wenige privilegierte Männer wählen. Die Schweiz, die erst 1971 das Frauenwahlrecht einführte, gilt bei uns als »Mutterland der Demokratie«.

Es heißt, dass die ägyptische Frau in der Öffentlichkeit unerträglichen sexuellen Belästigungen ausgesetzt ist. Vergessen wir auch nicht: Ägypterinnen sind fast zu hundert Prozent Opfer von Genitalverstümmelung. (Quelle: Wikipedia)

An der Französischen Revolution von 1789 und der »friedlichen« Revolution im Ostblock 200 Jahre später waren Frauen in gleicher Weise beteiligt wie Männer. Nach dem Erfolg dieser Revolutionen wurden die Frauen zwar an den Rand gedrängt mit »Freiheit, Gleichheit, Brüderlichkeit« und in »Expertenrunden«, in denen ausschließlich Männer saßen – aber immerhin haben wir jetzt eine Kanzlerin aus ebendiesem ehemaligen Ostblock.

Bei der ägyptischen Demikratiebewegung hingegen sind Frauen von vornherein kaum auszumachen – wenn die Revolution erfolgreich ist, werden sie vielleicht ganz hinter den Mauern des Privatlebens verschwinden.

Die Muslim-Bruderschaft weckt mit ihrem Namen auch wenig Vertrauen. Das Militär ist eine weitere Kraft, mit der zu rechnen ist. Gibt es da Frauen? Gesehen hab ich keine.

Trotzdem: Nehmen wir uns ein Beispiel an dem Aufstand der jungen Männer in Ägypten. Wenn die den alten Mubarak stürzen können, indem ein bis zwei Millionen demonstrieren gehen – was könnten Abermillionen von Frauen weltweit nicht alles erreichen, wenn sie mal überall, auf allen Straßen der Welt, für ihre Rechte demonstrieren würden!

Nachtrag: 6 Stunden nachdem ich diesen Text ins Netz gestellt hatte, machte mich Sarah Horsley auf eine 2-stündige Videosendung auf der Webseite »Democracy Now« aufmerksam. Etwa nach der 90. Minute wird ein außerordentliches Video abgespielt, das am 18. Januar von einer jungen Ägypterin, Asmaa Mahfouz, auf Facebook veröffentlicht wurde (s. http://www.democracy-now.org/2011/2/5/uprising_in_egypt_a_two_hour). Darin ruft sie alle Ägypterinnen und Ägypter auf, am 25. Januar zum Tahrir-Platz in Kairo zu kommen und für ihre Rechte zu demonstrieren. Amy Goodman von »Democracy Now« sagt, dies Video werde allgemein als Auslöser der ägyptischen Revolution angesehen, nachdem es sich wie ein Lauffeuer in Ägypten verbreitet hätte. Viele, die am 25. Januar auf den Tahrir-Platz gingen, taten es wegen Asmaa Mahfouz' Aufruf zur Revolution.

Ob Asmaa Mahfouz/Machfus mit Nagib Machfus, dem ägyptischen Literaturnobelpreisträger von 1988, verwandt ist?

Warum habe ich in den Malestream-Medien bis heute nichts von ihr gehört?

Ein Interview mit der bekannten Journalistin Mona Eltahawy über die Rolle der Ägypterinnen im Widerstand gegen das Regime kann nachgelesen werden unter http://www.npr.org/2011/02/04/133497422/Women-Play-Vital-Role-In-Egypts-Uprising.

128 Fotos von Frauen der ägyptischen Revolution, »die in den ersten Tagen übersehen/versteckt wurden von/ vor den Augen der Weltöffentlichkeit«, sind archiviert unter: http://www.sawtalniswa.com/2011/02/women-of-the-egyptian-revolution/

Nachtrag am 9. März 2011:
Ägyptische Frauen wollten zum Weltfrauentag für ihre Rechte demonstrieren und wurden von ihren Landsmännern brutal daran gehindert. Freiheit soll es wohl vorerst nur für Männer geben. Ein Bericht der neuseeländischen Journalistin Glen Johnson, die dabei war: (Googeln Sie: »Glen Johnson Egyptian women«.)

Februar 2011

Mubarak, Guy Deutscher und die Maskulinguistik – ein Vergleich

Als wir am Donnerstagabend Mubaraks Rede an das ägyptische Volk hörten, die seine letzte sein sollte, dachten wir nur »out of touch« – der Mann hat jeglichen Kontakt mir der Wirklichkeit Ägyptens verloren. 20 Stunden später war er weg vom Fenster, und die unerträgliche Anspannung auf dem Tahrir-Platz explodierte in Jubel.

Wie lange noch, so fragte ich mich auch bei der Lektüre des Buches *Im Spiegel der Sprache: Warum die Welt in anderen Sprachen anders aussieht*, wie lange noch kann die Maskulinguistik es sich leisten, dermaßen »out of touch« zu sein wie der Verfasser Guy Deutscher? Seit 30 Jahren (wie Mubarak) ignoriert sie geflissentlich die Forschungsergebnisse und sprachpolitischen Forderungen der feministischen Linguistik. Sie hat es nicht nötig, meint die Maskulinguistik, sich um die Frauen zu kümmern, die von unseren europäischen Männersprachen systematisch ausgemerzt werden: 99 Sängerinnen und ein Sänger sind auf Deutsch zusammen 100 Sänger. Die 99 Sängerinnen sind verschwunden unter einem männlichen Etikett und können selbst zusehen, wo sie geblieben sind. In anderen Genussprachen geht es ihnen genauso.

Die Frau ist offenbar nicht der Rede wert. Sie muss eine beständige Beschädigung ihrer Würde und ihrer Identität hinnehmen, aber das kümmert Herrn Deutscher nicht die Bohne.

Ich hatte mir das Buch mit dem vielversprechenden Titel zu Weihnachten gewünscht, weil ich erwartete, mit seiner Hilfe auf den neusten Stand der Diskussion über die Sapir-Whorf-Hypothese gebracht zu werden, die in etwa besagt, dass das Denken der Menschen durch die Struktur ihrer Sprachen beeinflusst wird.

Diese Hypothese ist in zwei Varianten in Umlauf. In der ursprünglichen Variante besagt sie, dass die Menschen durch ihre Muttersprachen quasi vorprogrammiert sind zu bestimmten Denkweisen und Vorstellungen. In der gemäßigten Variante besagt sie, dass den Menschen durch ihre Sprachen bestimmte Denkweisen nahegelegt werden, die sie allerdings durch Reflexion, Kontakt mit anderen Sprachen oder auch durch sprachpolitische Maßnahmen ablegen/überwinden können. Dies ist die Variante, die ich für plausibel halte, und Guy Deutscher auch.

Die gemäßigte Form der Whorf'schen Hypothese ist für die feministische Linguistik von großer Bedeutung. Feministische Linguistinnen meinen, dass Formulierungen wie »Wer wird Millionär?«, »Fragen Sie Ihren Arzt oder Apotheker«, »Wer wird der nächste Bundespräsident?« »Tausende von Demonstranten auf dem Tahrir-Platz« den Gedanken an Frauen nicht eben nahelegen. Obwohl uns doch immer versichert wird: Das Maskulinum ist geschlechtsneutral und schließt Frauen ein.

Feministische Linguistinnen haben diese Problematik in zahllosen Werken wissenschaftlich analysiert, sie haben in Universitätsseminaren rund um den Globus Studierende darüber aufgeklärt, auf Kongressen Gegenstrategien erörtert, die von der feministischen Sprachpolitik in die Öffentlichkeit getragen wurden, von feministischen Politikerinnen zusammen mit Frauenbeauftragen in Richtlinien und Erlasse umgesetzt wurden undsoweiter.* Wir können feststellen: Das Maskulinum ist dank dieses Einsatzes nicht mehr das, was es einmal war.

Nun – von dieser Debatte, die seit drei Jahrzehnten in ganz Europa tobt und die beispielsweise Anfang 2009 dazu führte, dass der US-amerikanische Kongress sämtliche offiziellen Texte penibelst in wirklich geschlechtsneutrale Formulierungen umschreiben ließ – von dieser Debatte hat Guy Deutscher anscheinend noch nie etwas gehört. Jedenfalls kommt das Thema in seinem Buch nicht vor, nicht einmal in dem 25 Seiten langen, neckisch betitelten Kapitel »Sex und Syntax«, in dem er sich mit dem Einfluss des Genus auf die Vorstellungen der Menschen befasst. Ich muss sagen, ich war vollkommen platt. Das hätte ich denn doch nicht erwartet von einem Linguisten, der uns darüber unterrichten will, wie die Grammatik unser Denken beeinflusst. Denn für dieses Thema gibt es keinen gesellschaftspolitisch relevanteren und aussagekräftigeren, kurz keinen wichtigeren Gegenstand als den, den die feministische Linguistik seit Jahrzehnten

---

* Einen umfassenden Überblick über Theorie, Praxis und Erfolge der feministischen Linguistik bringen Hadumod Bußmann und Marlis Hellinger in ihrem dreibändigen Standardwerk *Gender Across Languages: The Linguistic Representation of Women and Men.* Amsterdam, Philadelphia 2001-2003. Das Werk, in dem u. a. dokumentiert wird, wie sehr die feministische Sprachkritik 30 verschiedene Sprachen in den letzten 30-40 Jahren beeinflusst hat, ist in Deutschers Bibliographie nicht verzeichnet, genauso wenig wie meine sechs Bücher zu diesem Thema (1984-2011).

bearbeitet: den perfiden Einfluss des als »geschlechts-neutral« verkauften Maskulinums auf unser Denken über Frauen – und Männer.

Statt sich auf den zentralen Gegenstand zum Thema zu stürzen, ignoriert Deutscher ihn und beschäftigt sich lieber mit Mätzchen wie dem, dass »das Bett« in seiner Muttersprache Hebräisch ein Femininum ist und er des-halb einfach nicht anders kann, als sich sein Bett als weib-lich vorzustellen, und das mit Genuss. Oder er wärmt die alte Geschichte von den Übersetzungen des Heine'-schen Gedichtes über die Sehnsucht des nördlichen Fichtenbaums nach der südlichen Palme wieder auf.

Wie lässt sich das kolossale Ausmaß seines *Sexismus durch Weglassen* (sexism by omission) in etwa anschau-lich machen? Vielleicht so: Stellen Sie sich ein Buch über die Geschichte Deutschlands im 20. Jahrhundert vor – aber die DDR käme darin gar nicht vor. Was für ein Hohn, würden wir sagen – wie kommt denn so was überhaupt in die Buchläden? Ja, das frage ich mich auch. Es muss von einem Wessi sein, der völlig *out of touch* ist vor Überheblichkeit.

Guy Deutscher – völlig out of touch vor maskulingu-istischer Arroganz.

»Der Inhaber dieses Passes ist Deutscher.« Dieser Satz wurde inzwischen auf Betreiben der feministischen Lin-guistik aus unseren Personalausweisen getilgt. Heute heißt es dort »Unterschrift der Inhaberin/des Inhabers«. Wie frau sieht, können wir sehr gut ohne »Deutscher« auskommen. Deutscher ist einfach zu sexistisch und nicht mehr zeitgemäß.

Februar 2011

9/11:
Überlegungen zum »sexuellen Missbrauch« und zum »Krieg gegen den Terror«

Gestern geriet ich in die zweite Hälfte der Sendung über »sexuellen Missbrauch« von Gert Scobel, Titel: »System Missbrauch. Wie Verschweigen und Verharmlosen funktioniert«. Wiederholt wird sie leider nicht, so dass ich hier nur aus dem Gedächtnis schildern kann, was mir dabei auffiel.

An der Gesprächsrunde nahmen zwei Frauen und zwei Männer teil: Christine Bergmann, unabhängige Beauftragte zur Aufklärung des sexuellen Kindesmissbrauchs, Kathrin Radke, Sprecherin der »Bundesinitiative der Betroffenen von sexualisierter Gewalt und Missbrauch im Kindesalter«, Michael Osterheider, Experte auf dem Gebiet der Pädokriminalität und Mitglied beim »Runden Tisch sexueller Kindesmissbrauch« der Bundesregierung. Und Gert Scobel als Moderator der Sendung.

Was mir auffiel, war, dass Scobel, Osterheider und Radke das Thema »TäterINNEN« über Gebühr betonten und Christine Bergmann immer wieder dazu zwangen, die Proportionen zurechtzurücken. Tatsache ist, dass 90 % der sexuellen Missbrauchstaten von Männern begangen werden. Das betonte Bergmann tapfer wieder und wieder, bei jedem erneuten Infragestellen. Besonders Scobel wollte wissen, ob nicht die Vorstellung des sexuellen Missbrauchs durch die Mutter so unfassbar und daher tabuisiert sei, dass die Untaten der Mütter eben im Dunkeln blieben, die Dunkelziffer mithin gewaltig sein müsse. Nein, konterte Bergmann, da sei, nach dem gesamten Aufbrechen der Thematik vor zwei Jahren, inzwischen eigentlich nichts mehr tabu, alles käme auf den Tisch. Und da sei es nun einmal so, dass Frauen an dem Delikt nur verschwindend wenig beteiligt seien. Ihr Anteil fiele eigentlich kaum ins Gewicht. Die drei anderen machten immer wieder Anläufe, diese Aussage zu relativieren – Bergmann blieb jedoch standhaft.

Warum diese heftigen Bemühungen, die Frauen als Schuldige mit ins Boot zu holen? Der Grund liegt auf der Hand: Wenn beide Geschlechter sich an diesen Verbrechen beteiligen, dann haben wir es nicht mit einem Massenverbrechen von Männern gegen Schwächere zu tun, sondern mit einer gesellschaftlichen Pathologie. Die Männer wären, um es platt zu sagen, aus dem Schneider. Und alles Augenmerk könnte sich wieder beruhigt den Opfern zuwenden, so wie es immer war, bevor die Schandtaten der katholischen Priester an die Öffentlichkeit kamen. Diesen saftigen Skandal und Quotenbringer konnten sich die Medien natürlich nicht entgehen lassen, und plötzlich waren die Täter das Thema, eben weil es prominente und unwahrscheinliche Täter waren. Bis dahin, solange es »nur« Väter, Brüder, Großväter und Onkel waren, blieben die Täter öffentlich-medial weitgehend unbehelligt, wurden kaum mal zum Thema. Denn schließlich sind Medienmänner ebenfalls Väter, Brüder, Großväter und Onkel, gehören also zur Gruppe der prinzipiell Tatverdächtigen. Da empfahl sich also eher Stillschweigen. Das geht nun nicht mehr, und so wird die zweite Strategie der Ent-Schuldigung herangezogen: Nicht das übliche »Die anderen waren es« – das wäre denn doch zu abenteuerlich, die Taten den Frauen zur Last zu legen. Wohl aber kann man die Strategie »Wir alle waren es« zwecks Nivellierung einsetzen, und das taten die Beteiligten gestern Abend auch, mit Ausnahme von Bergmann. Warum Radke auch diese Strategie wählte, ist mir nicht ganz klar. Aber die Entlastung der Männer durch Frauen ist ja durchaus nichts Ungewöhnliches, sie wird ja auch oft belohnt.

Apropos Täter: Da kommen uns zum zehnten Jahrestag von 9/11 natürlich jene anderen Täter in den Sinn und Bushs Versuch, sie und ihr Netzwerk mit seinem »Krieg gegen den Terror« auszumerzen. Zehn Jahre krankt die ganze Welt schon an diesem Wahnsinn. Hier wurde ganz auf die Strategie »Die anderen waren es!« gesetzt. Und so gab es denn auch keinerlei Hemmungen, die Gruppe der Täter auf »die Muslime« auszuweiten und bewusstlos zu verfolgen. Verbrecherische Regimes, endlich hinweggefegt im »arabischen Frühling«, wurden viel zu lange hofiert, weil sie Verbündete im »Krieg gegen den Terror« waren.

Auffällig für die feministische Beobachterin ist der so typisch unterschiedliche Umgang mit den Tätern. Samthandschuhe und, immer noch, Versuch der Abwälzung der Schuld auf »die Gesellschaft« beim »Kampf gegen den sexuellen Kindesmissbrauch«. Folter und Auslöschung des »Gegners« im »Krieg gegen den Terror«. Wobei Al Kaida mit Sicherheit ungefährlicher ist und viel weniger Opfer zu verantworten hat als das globale männliche Terrornetzwerk der Kinderschänder, Vergewaltiger, Lustmörder, Triebtäter, Frauenhändler, Pornografiehersteller etc. etc.

Was können wir also tun? Einfach die Täter unbeirrt benennen ist von zentraler Wichtigkeit gegen die Taktiken des »Verharmlosens und Verschleierns«, um die es in der Sendung angeblich ging.

Dank an Christine Bergmann für ihr großartiges Beispiel.

September 2011

Wenn Frauen eine Reise tun

Dresden

Am vergangenen Wochenende trafen sich sechs Feministinnen in Dresden. Drei von uns langjährigen Freundinnen, die Ende der 80er Jahre noch alle in Hannover wohnten und von dort etliche feministische Projekte gestartet hatten, u. a. den *Kalender Berühmte Frauen* (1987 ff.) und die Trilogie *Wahnsinnsfrauen* (1992-99), waren im vergangenen Jahr 70 geworden, und das wollten wir gebührend feiern. Wir residierten fürstinnenlich im nach der Wende wiederaufgebauten Taschenbergpalais und gingen zweimal in die Semperoper: zunächst in Verdis *Otello* (nach Shakespeare); auch das Libretto ist von einem Mann (Boito). Der Inhalt ist für jede Feministin eine Zumutung (aber welche Oper wäre das nicht?): Ein Mann glaubt lieber einem tückischen Untergebenen als seiner eigenen Frau und ermordet sie schließlich im Eifersuchtswahn.

Am 1. Mai besuchten wir die Konzertmatinee in der Semperoper. Christoph Eschenbach leitete die Sächsische Staatskapelle. Es wurden Stücke von drei Männern gespielt, Schumann, Staud und Brahms. Der Solist in Schumanns Cellokonzert war Leonard Elschenbroich.

Das männerlastige kulturelle Angebot der Stadt verdross uns zwar, aber wir nahmen es gutwillig hin, da alle ihre Sache hervorragend machten und wir in Feierlaune waren. Aber das feministische Herz darbte, obwohl in der Sächsischen Staatskapelle erfräulich viele Frauen mitspielen dürfen.

War nun vielleicht die weltberühmte *Frauen*kirche ein Ausgleich? Nicht wirklich: Anders als in einem

*Frauen*kloster trieben sich dort auch reichlich Männer herum.

Vor dem Rathaus, immerhin ein exponierter Platz, steht ein Denkmal für die Trümmerfrau. Dafür steht oben auf dem Rathausdach, der Trümmerfrau sozusagen haushoch überlegen, der Rathausmann in Gold; die Hand hat er wie zum Hitlergruß erhoben. Was er da soll, konnte uns der Mann von der Stadtrundfahrt nicht erklären.

Ebenfalls weltberühmt ist Dresdens »Gläserner Mensch«, von dem ich im Vorfeld immer wieder gelesen hatte – unbedingt müsste man sich den ansehen. Der Mann von der Stadtrundfahrt verkündete uns im Vorbeifahren: »Im Hygienemuseum befindet sich die berühmte Gläserne Frau – wohl die einzige Frau, die man völlig durchschauen kann.« Das Publikum lachte höflich. Ich war völlig platt – dass dieser »Gläserne Mensch« eine Frau war, hörte ich da zum ersten Mal. Der Stadtrundfahrtsmann hatte es auch wohl nur verraten, um seinen durchschaubaren »Witz« anzubringen.

Dresden steht natürlich ganz im Zeichen Augusts des Starken, frau begegnet ihm auf Schritt und Tritt. Die Stadt, das Schloss, der Zwinger und zahlreiche andere Gebäude und Schlösser in der Umgebung sind voll von den Schätzen, die er ansammelte oder in Auftrag gab. Wir nahmen an einer Führung durch das Schloss teil und erfuhren dabei allerlei über die Mätressenwirtschaft Augusts, über hochhackige Schuhe (eine Erfindung der Männer, um ihre Waden kräftiger erscheinen zu lassen), breite Reifröcke (praktisch, um die Notdurft in den Schlossecken unter sich zu lassen, denn Toiletten gab es nicht. Die hätten wir in der Semperoper gebraucht, denn dort gab es auch – fast – keine Toiletten). Vor allem aber zeigte sich unser Museumsführer angetan von Augusts Hofjuwelier Johann Melchior Dinglinger, der für teures

Geld einzigartige Kunstwerke geschaffen habe. Tatsächlich beeindruckten sie uns sehr. Was ich während der launigen Führung nicht erfuhr, wurde ein paar Tage später in einer nächtlichen MDR-TV-Sendung über Dinglinger en passant nachgeliefert: Der Mann zeugte (mindestens) 26 Kinder, viele von ihnen starben schon im Kindesalter. Damit überrundet er sogar seinen Zeitgenossen Johann Sebastian Bach, der es auf 20 Kinder brachte, von denen 11 früh verstarben. 1728 heiratete Dinglinger zum fünften Mal, alle vier Ehefrauen davor waren im Kindbett gestorben – der geniale Juwelier hatte neben seiner »besessenen Arbeit« noch die Zeit gefunden, sie allesamt zu Tode zu schwängern. Wie es der fünften erging, verriet der Film nicht.

Das Taschenbergpalais wurde laut Wikipedia ursprünglich als Liebesgabe von August dem Starken für seine Mätresse Constantia von Cosel erbaut. Von dieser Mätresse, die 1713 in Ungnade fiel und verbannt wurde, wusste ich vor der Anreise nicht viel, und vor Ort hörte ich auch nichts über sie. Wieder in Hannover, holte ich Gabriele Hoffmanns *Constantia von Cosel und August der Starke* von 1984 aus dem Regal und erfuhr erst jetzt ihre haarsträubende Geschichte:

> Neun Jahre umgab der König die Mätresse mit Pracht und Glanz, und sie war die mächtigste Frau in Sachsen. Dann stürzte sie, und er sperrte sie in eine Festung ein. Neunundvierzig Jahre lang lebte sie als Gefangene, von sechsundvierzig Soldaten bewacht, die Hälfte dieser Zeit in strenger Isolationshaft. Es gab keine Anklage, keinen Prozess, kein Urteil. [...] Dreißig Jahre nach seinem Tod saß sie noch immer im Turm der Festung.

Ziemlich genau 200 Jahre zuvor war Johanna die Wahnsinnige etwa genauso lange eingesperrt worden. Peter der Große, Zeitgenosse des starken August, hatte sich auf dieselbe Weise seiner älteren Schwester Sofia Alexe-jewna entledigt und sie bis zu ihrem Tod eingesperrt. Der Prinzessin von Ahlden ging es ähnlich, nachdem sie es gewagt hatte, ihren Gatten durch einen Liebhaber zu kompromittieren. Von Fürsten wurde geradezu erwartet, dass sie sich Mätressen hielten. Tröstete sich die Fürstin mit einem Geliebten, kam sie auf Lebenszeit in den Turm.

Und was hatte die Cosel verbrochen? Das muss ich erst noch genauer erforschen. Wikipedia meint: »Die Vorhersage des politischen Scheiterns des sächsischen Kurfürsten durch Anna Constantia kränkte diesen Mann in seiner Ehre, erst recht, als ihre Warnungen sich be-wahrheiteten.«

Gar nicht schön, was wir da über den starken August und seinen Hofjuwelier hören müssen. Selber schuld, wenn wir fragen: »Und was war mit den Frauen? Was haben wir Frauen von dem ganzen Zirkus?« Ohne diese penetrante Frage wäre uns Dresden so heiter, strahlend und glanzvoll erschienen, wie es das Städtemarketing uns einreden will.

Trotzdem wollen wir uns nächstes Jahr wieder in Dres-den treffen. Wir werden dann auf den Spuren der Cosel sowie Heinrich Schützens und seiner Ehefrau wandeln und die gläserne Frau durchschauen gehen. Über sie gibt es Erstaunliches zu lesen:

> Ein Besuch im Deutschen Hygiene-Museum in Dres-den bedeutet vor allem eines: Spiel, Spaß und Spannung für Jung und Alt. Die gläserne Frau ist die wichtigste Bewohnerin dieser Ausstellung, denn diese zeigt uns, wie unser Körper innen aufgebaut ist.

Schön wär's ja, wenn *der* menschliche Körper innen so aufgebaut wäre wie der einer Frau. Mutter Natur hätte sich eine andere Fortpflanzungsmethode ausgedacht.

Frauen wären nicht im Kindbett gestorben. Johanna Dinglinger hätte nicht eine einzige Frau zu Tode gebracht. Auguste die Starke und Constantia von Cosel wären das Traumpaar ihres Jahrhunderts gewesen.

Mai 2011

Amrum

In der vergangenen Woche waren wir mit Berit und Angelika auf Amrum und genossen die balsamische Luft und lange Spaziergänge am Watt, durch die Dünen und am Strand. Weibliche Paare begegneten uns auf Schritt und Tritt; wir erkannten einander und grüßten uns im Vorübergehen mit einem wissenden Lächeln. Hin und wieder gab es auch gemischte Paare, aber sie störten nicht weiter und fügten sich gut ein ins friedliche Landschaftsbild.

Angelika erklärte uns alles Wissenswerte über die vielfältige und zahlreiche Vogelwelt, wodurch ich besonders die Gänse liebgewann: Weibchen und Männchen bleiben lebenslang zusammen, sehen einander zum Verwechseln ähnlich und teilen sich das Brutgeschäft. Abends spielten wir Topwords und – unter Frauen besonders beliebt – Doppelkopf, denn spielentscheidend sind nicht wie sonst Buben oder Könige, sondern die Kreuz-Damen. Obwohl wir jeden Abend beschlossen, zu spielen »bis der Arzt kommt«, kam er zum Glück nie, auch die Ärztin nicht.

Die leiblichen Genüsse waren deftig und wohlschmeckend; wir schafften sogar eine der mächtigen Friesenwaffeln im Friesen-Café.

Und erst die geistigen Genüsse! Die örtliche Amrum-Kapazität, Georg Quedens, erklärte uns die Flora und

Fauna der Insel in einem anregenden Dia-Vortrag in dem ihm eigenen aparten Singsang, und der Ehemann der Pfarrerin erklärte uns die Geschichte, die Architektur und die Kunstschätze der Kirche St. Clemens in Nebel. Er holte sehr weit aus; wir hatten den Eindruck, dass er halt gern auch mal predigen wollte. Was er predigte, war schön und interessant und sogar feministisch. Immer wieder gab es erfrischende Seitenhiebe auf das kirchliche Patriarchat, und seine Sprache war streng inklusiv, wie es auf Evangelisch heißt, da gab es selbst für eine pingelige feministische Linguistin nix zu meckern. »Jede und jeder«, »Konfirmandinnen und Konfirmanden« – das kam ihm alles wie selbstverständlich von den Lippen, und die Gemeinde der wissensdurstigen Urlauberinnen und Urlauber ließ es sich gerne gefallen. Wir verließen die Kirche angeregt und reich an neuem Wissen. Ich wollte dem Pfarrerinnengatten und der Pfarrerin persönlich danken für ihre gepflegte Sprache und herzhafte feministische Gesinnung; ihr Haus war gleich um die Ecke, aber vor lauter Wandern, Watt und Doppelkopf kam es

nicht dazu. Auch las ich im durchgehend inklusiv abgefassten Gemeindeblatt, dass die Pfarrerin grade ein Sab-
bat-Vierteljahr genießt und zurzeit in einem Schweige-
kloster ist. Also schicke ich ihnen einen Link zu dieser
Glosse.

Gestern Morgen traten wir die Rückreise an; die lange
Strecke zwischen Dagebüll und Hamburg vertrieben wir
uns mit emsigem Doppelkopf-Spiel. Der rauhe antifemi-
nistische Alltag erwischte mich in Form meiner Wasser-
flasche, die ich mal aus Boston mitgebracht und immer
nur zum Trinken, nie zum Lesen benutzt hatte. Was las
ich nun aber? »From the islands of Fiji: Untouched by
man. Until you drink it.«

Getrunken hatte ich, wie gesagt, schon oft daraus –
eine Geschlechtsumwandlung war noch nicht eingetre-
ten. Und so nahm ich auch diesmal beherzt, wenn auch
verstimmt, einige Schlucke.

April 2012

Verzeichnis der Glossen